Longieren

Band 6
Richtlinien für Reiten und Fahren

Herausgeber:
Deutsche Reiterliche Vereinigung e.V. (FN), Warendorf

5. Auflage 1994

Zeichnungen: U. Spenlen

Druck: SCHNELL Buch & Druck, Warendorf

ISBN 3-88542-191-7

H.D. Donner †

Longieren

Band 6
Richtlinien für Reiten und Fahren

Deutsche Reiterliche Vereinigung e.V.

Vorwort

Festbegründete Erfahrungssätze im Longieren von Pferden wurden in früheren Zeiten vom älteren auf den jüngeren Pferdeausbilder und Reiter mündlich übertragen.
In der heutigen schnell-lebigen Zeit kommt durch die Vielfalt der Gebiete im Umgang "rund um das Pferd" manches etwas zu kurz.
Die "Richtlinien für Reiten und Fahren" geben in dem hier vorliegenden Band VI dem Ausbilder und dem interessierten Reiter die Möglichkeit, das Spezialgebiet des Umganges mit der Longe theoretisch kennenzulernen und für die Praxis zusammen mit den eigenen Erfahrungen zu verwenden.
In der Reihe der "Richtlinien für Reiten und Fahren" der Deutschen Reiterlichen Vereinigung wird der Band VI - Longieren - sicherlich sehr bald unter Ausbildern und Reitern Freunde gewinnen.

Deutsche Reiterliche Vereinigung e.V.

— Abt. Sport —

Warendorf, im Oktober 1987

Inhalt

1. Einführung

Das Bewegen, Gymnastizieren und Schulen jüngerer und älterer Pferde an einer etwa 7 m langen Leine nennt man Longieren.

Es ist ein vorzügliches Mittel, junge Pferde mit der Ausrüstung, dem Sattel und dem Zaum vertraut zu machen, sie an geregeltes Arbeiten zu gewöhnen und das Vertrauen zum Menschen herzustellen.

Letzteres kann natürlich nur dann der Fall sein, wenn die Longenarbeit sachgemäß betrieben wird. Falsche Handhabung der Longe kann das Vertrauen zum Menschen für immer stören.

In der Hand eines einfühlsamen und psychologisch richtig auf das Pferd einwirkenden Ausbilders ist die Longe von hohem Wert. Richtig angewandt dient sie dazu, dem Pferd unauslöschliche Eindrücke zu vermitteln und wie kaum ein anderes Hilfsmittel das Vertrauen zum Ausbilder herzustellen.

Jede Anwendung von Gewalt einem unverdorbenen Pferd gegenüber ist absolut zu verwerfen. Geht es aber nicht anders, weil sich ein verdorbenes Pferd im Bewußtsein seiner Kraft mit allen Mitteln zur Wehr setzt, so ist es die Longe, die ihm sehr bald zeigt, daß jeder Widerstand vergeblich und der Mensch doch der "Stärkere" ist. Der Hauptwert der Longenarbeit liegt in jedem Fall bei jeder Form ihrer Anwendung auf psychologischem Gebiet.

Vertrauen und Respekt, die Grundlagen jeder erfolgreichen Ausbildung eines Pferdes, werden am sichersten durch die Longe hergestellt. Sie erleichtert die Arbeit im Sattel ganz erheblich, sei es durch die Herbeiführung der Losgelassenheit, sei es durch Ausgleich von Fehlern im Exterieur des Pferdes oder von solchen, die sich bei der Ausbildung unter dem Sattel eingeschlichen haben.

Wirklichen Erfolg wird aber nur der geschulte Reiter- und

Pferdeausbilder haben, der psychologisch im richtigen Augenblick seine Arbeitsweise auf das Pferd einstellen und im richtigen Moment aufhören kann, der sich aber auch bewußt ist, daß die Longe trotz ihrer anerkannten Vorzüge kein Allheilmittel ist. Daher kann sie auch niemals die Ausbildung des Pferdes durch den Reiter im Sattel ersetzen.

Praktische Könner der Pferdeausbildung, aber auch Theoretiker auf hippologischem Gebiet, haben Anwendungsarten der Longe und Kombinationen von Hilfsmitteln aller Art ersonnen, um auch dem Durchschnittsausbilder die Möglichkeit zu geben, durch Longenarbeit den Umgang mit dem Pferd zu erleichtern und zu fördern.
Dieses wird allerdings nur zutreffen, wenn der weniger erfahrene Ausbilder sich bei der Longenarbeit auf das Erreichen der Losgelassenheit beschränkt und darauf, das Pferd zur Dehnung in der Rücken- und Halsmuskulatur zu veranlassen. Zu bedenken ist jedoch, daß nichts den Menschen eher zur sinnlosen Anwendung roher Hilfen und zu Gewalttaten verführt als die Longe, deren Gebrauch für den jeweiligen Ausbilder kein Sicherheitsrisiko beinhaltet. Soll die Longenarbeit nicht schaden, sondern ein nützliches Hilfsmittel sein, so sollte sie nur von Ausbildern angewandt werden, die Geduld und Selbstdisziplin haben und ihren Wissensstand durch das Studium geeigneter Fachliteratur erweitern.

Zusammenfassend - unter Beachtung dieser Gesichtspunkte - ergeben sich für die Longenarbeit die nachstehenden, in sich abgegrenzten Anwendungsmöglichkeiten:

- Die Gewöhnung des jungen Pferdes an die Arbeit unter dem Sattel oder im Geschirr;
- die Unterstützung der Ausbildung des Reit- oder Wagenpferdes allgemein;
- die Erleichterung der Ausbildung bei vorliegenden Exterieurmängeln;
- die Ausbildung des Pferdes ohne Belastung durch das Reitergewicht im fortgeschrittenen Stadium;

– die Korrektur reiterlich oder fahrtechnisch verdorbener Pferde;

– das Bewegen von Pferden, die krank gewesen sind und langsam wieder an ihr tägliches Arbeitspensum herangeführt werden sollen;

– im fortgeschrittenen Stadium der Ausbildung des Pferdes an der einfachen oder wahlweise der doppelten Longe kann die "Arbeit an der Hand" höhere Versammlung vorbereiten und das Pferd in seiner Ausbildung zur hohen Schule führen, die für einige wenige besonders veranlagte Individuen ihre letzte Steigerung in der Pilarenarbeit findet.

2. Das Rüstzeug für die Longenarbeit

Die erfolgreiche Arbeit mit der Longe setzt genaue Kenntnis der erforderlichen und zur Verfügung stehenden technischen Mittel voraus.

2.1. Die Örtlichkeit

Da ist zunächst die Frage: "Wo wird longiert?"

Um konzentriertes, die Pferde nicht schädigendes Longieren zu ermöglichen, sind folgende Grundforderungen an den Ort des Longierens zu stellen:

Zweckmäßige Umzäunung eines Außenlongierplatzes

– Ausreichende Größe
  Das Mindestmaß des Zirkels, auf dem sich das Pferd bewegt, darf 12 m Durchmesser nicht unterschreiten.
– Der Longierzirkel sollte eine äußere Begrenzung aufweisen.
– Der Boden des "Hufschlages" sollte federnd, aber nicht zu tief sein.

Das häufige Longieren auf einem kleineren als 12 m Durchmesser betragenden Kreisbogen kann beim Pferd Langzeitschäden im Bereich der Zehengelenke hervorrufen. Die für seitliche Drehbelastungen anatomisch nicht eingerichteten Knochenverbindungen werden hierbei kontinuierlich überbelastet, was langfristig zu Verbrauchserscheinungen (Arthrosen) führt.

Instinktiv wehren die Pferde sich gegen die Bewegung auf kleinem Kreisbogen und drängen nach außen, welches wiederum stärkeren Zug der Longe nach innen zur Folge hat. Dieses führt zwangsläufig zur stärkeren Belastung der Gelenke. Aus diesem Grunde ist es zweckmäßig, dem Longierzirkel eine äußeren Begrenzung zu geben. Wo die Örtlichkeiten das nicht gestatten, sollte zumindest ein Teil des Longierzirkels begrenzt sein. In einer geschlossenen Reitbahn bieten sich die Ecken, auf offenen Plätzen Wälle oder Hecken dazu an. Mit wenig Mühe kann die Begrenzung eines Longierplatzes durch Strohballen, Stangen oder Hindernisteile sehr schnell (selber) erstellt werden. Allerdings muß darauf geachtet werden, daß keine überstehenden Teile wie z.B. die Füße von Bodenricks zu Verletzungen des Pferdes führen.

Weitere Faktoren, die zu den genannten Langzeitschäden führen können, sind schlechter Boden und der Hufschlag des Longierzirkels. Zu tiefer Boden strapaziert die Sehnen und Gelenkbänder des Pferdes, während zu harter Boden besonders bei beschlagenen Pferdehufen die Rutschgefahr erhöht.

Schädlich wirkt sich auch die oft mangelhafte Pflege des Longierplatzbodens aus. Häufiges Longieren bewirkt eine nach außen höhere und nach innen tiefere Hufschlaglinie, durch die das Pferd ständig gezwungen ist, auf schiefer Ebene aufzutreten. Diese seitliche Dauerbelastung des Fesselgelenkes, der Sehnen und der Bänder führt verständlicherweise zu einer Überdehnung. Abhilfe kann nur durch eine sorgfältige Bodenpflege erfolgen. Der Hufschlag muß möglichst nach jedem Gebrauch eingeebnet und die durch Zentrifugalkraft nach außen gedrückten Erdmassen begradigt werden.

Im einzelnen kommen folgende Örtlichkeiten für das Longieren in Betracht:

— Bei Reitschulen, in Gestüten oder Ausbildungsställen kann sich die Erstellung eines festen überdachten Longierzirkels lohnen. Der Longierzirkel sollte einen Durchmesser von ca. 12 bis 16 m haben. Diese Hallen sind besonders geeignet für das Longieren mit jungen Pferden. Soll jedoch die Halle auch für Reit- bzw. Voltigierzwecke genutzt werden, sind 16 m Durchmesser nur als Minimum anzusehen.

— In Reithallen - Mindestmaß 15 x 30 m und beliebig größer - ist ausreichend Raum für die Longenarbeit, wenn die Hallen nicht gleichzeitig anderweitig, z.B. durch Reiter, genutzt werden. Gleichzeitiges Longieren und Reiten sollte aus Sicherheitsgründen nach Möglichkeit unterbleiben, es sei denn, die Halle ist so groß, daß das an der Longe gehende Pferd und der Reiter sich auf keinen Fall gegenseitig stören können. Eine entsprechende Absperrung sollte als Sicherheitsmaßnahme Unfälle vermeiden helfen.

— Die gleichen Kriterien haben für Außenreitplätze volle Gültigkeit. Für die Longenarbeit mit jungen Pferden käme hier noch die Ablenkung durch äußere Einflüsse hinzu. Bei der Longenarbeit mit Pferden, die die Grundbegriffe des Longierens kennen, sollte allerdings nicht ständig absolute Ruhe und Stille gefordert werden. Ein Nachteil unserer Pferdeausbildung ist es, daß gelegentlich zu einförmig gearbeitet wird und unsere Pferde sehr empfindlich gegen äußere Eindrücke werden.

– Ideal ist ein separater Longierplatz mit geeigneter Umrandung, der konzentrierte Longenarbeit ohne Störung durch den Reitbetrieb zuläßt, andererseits aber das Longenpferd auch genügend an den Außenwelteinflüssen teilhaben läßt. Der Nachteil solcher separater Longierplätze sowie der meisten Außenplätze überhaupt ist natürlich die Abhängigkeit vom Wetter, das vor allem auf die Bodenbeschaffenheit einen starken Einfluß hat. Bei genügend großem Geländeareal kann direkt neben dem Longierplatz gleichzeitig eine Bahn für Bodenrickarbeit oder für 1 bis 2 feste Hindernisse, die für das Gymnastikspringen an der Longe geeignet sind, erstellt werden.

2.2. Die Grundausstattung des Pferdes und deren Anwendung

Die Ausrüstung des Pferdes bei der Longenarbeit wird sich - von Fall zu Fall unterschiedlich - nach dem angestrebten Ziel, der Eigenart des Pferdes und der Erfahrung des Ausbilders zusammensetzen.

Die nachstehenden Ausführungen beziehen sich auf die Grundausrüstung. Spezielle Einzelheiten und zweckmäßige Sonderausrüstungen werden bei der Besprechung der verschiedenen Zwecke der Longenarbeit erläutert.

Sobald es der Ausbildungsstand ermöglicht, sollte das Pferd zum Longieren grundsätzlich gesattelt und auf Trense gezäumt sein.

Es sind ferner erforderlich:
– eine etwa 7 m lange Longe
– eine Peitsche, so lang, daß das Pferd beim Longieren stets damit erreicht werden kann
– Ausbindezügel

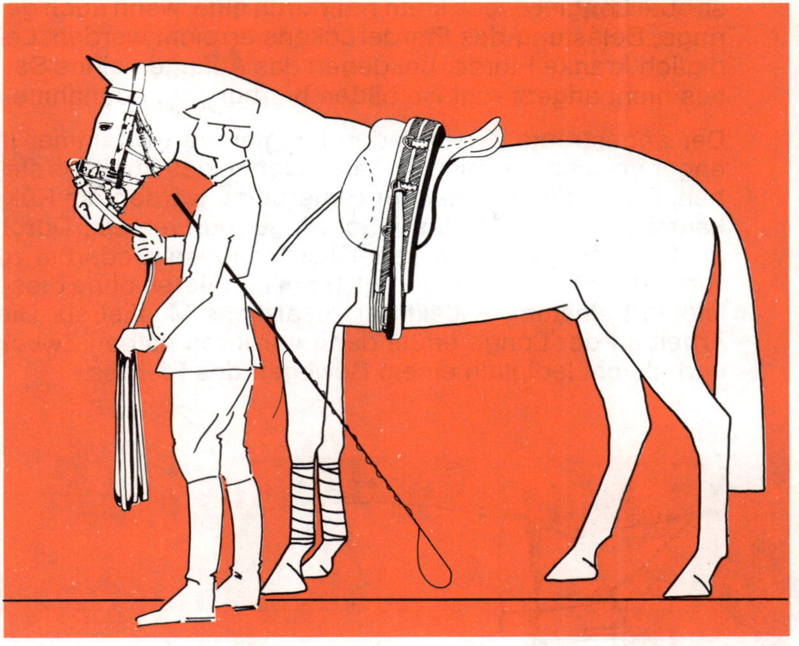

Die Grundausrüstung zum Longieren

Vorteilhaft ist die Benutzung eines über den Sattel geschnallten Longier- oder Laufgurtes, an dem sich an beiden Seiten mehrere Ringe oder Ösen zum Befestigen der Ausbindezügel befinden. Um einer Verletzungsgefahr vorzubeugen, sollten beim Longieren zumindest die Vorderröhren des Pferdes bandagiert oder durch Gamaschen geschützt sein. Ein Kappzaum ergänzt die Grundausrüstung. Oft wird aus Gründen der Bequemlichkeit oder auch aus Unkenntnis ohne Sattel, lediglich mit Laufgurt, longiert.

Durch eine gewisse Beweglichkeit des Gurtes wird das zweckmäßige Ausbinden jedoch erschwert. Der angestrebte Longierzweck kann nur durch eine, wenn auch geringe, Belastung des Pferderückens erreicht werden. Lediglich kranke Pferde, bei denen das Auflegen eines Sattels nicht angebracht ist, bilden hierbei eine Ausnahme.

Der angestrebte Zweck jeden Longierens wird immer in enger Verbindung mit dem Tätigmachen des Rückens stehen. Durch die Aktivität der Hinterbeine werden die Rükkenmuskeln des Pferdes in Schwingungen versetzt. Durch die Belastung mit dem Sattel werden diese wiederum zu verstärkter Tätigkeit angeregt. Beim Longieren ohne diese leichte Belastung entfällt der zusätzliche Muskelreiz. Die Arbeit an der Longe erfüllt dann nur ihren halben Zweck und gleicht lediglich einem Bewegen des Pferdes.

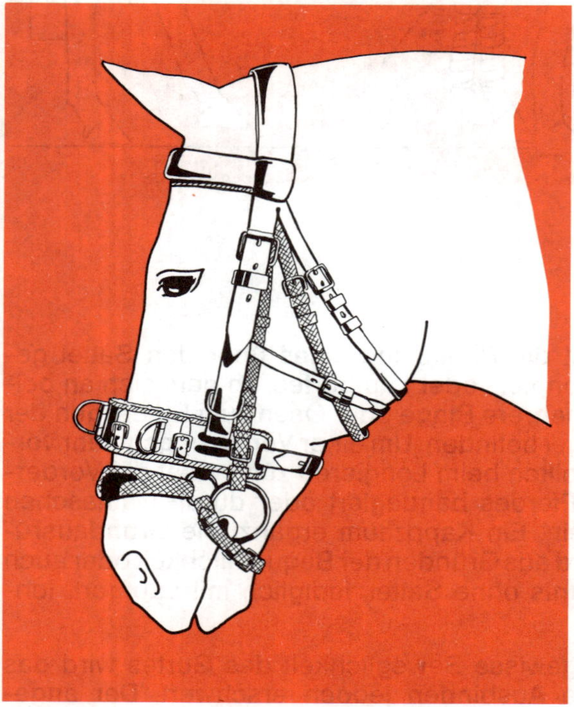

Kappzaum über einfacher Trense mit hannoverschem Reithalfter

Ähnliche Gründe sprechen für das Zäumen mit einer Trense, auch wenn mit einem Kappzaum gearbeitet wird. Falsch und damit Ursache mancher Schwierigkeit ist das Longieren lediglich am Stallhalfter. Dieses kann nicht wie ein Kappzaum so am Pferdekopf befestigt werden, daß Verletzungen oder Scheuerstellen am Auge ausgeschlossen sind.

Bei jeder Longenarbeit steht die Erreichung der Losgelassenheit im Vordergrund. Entspannt das Pferd seine Genick- und Ganaschenmuskulatur, ist der erste Schritt zur Entspannung getan. Angeregt durch ein Gebißstück im Maul wird der Speichelfluß gefördert, der wiederum mit der gelösten Genick-Ganaschenmuskulatur in engem Zusammenhang steht.

Das Gebißstück im Maul regt den Speichelfluß an und veranlaßt das Pferd, sich in der Muskulatur der Ohrspeicheldrüse und Ganasche zu entspannen.

Für die Longenarbeit ist es zweckmäßig, einen besonderen Zaum mit einem dicken Trensenmundstück, jedoch ohne Zügel zu wählen. Zum Longieren empfiehlt sich das Hannoversche Reithalfter, weil es ein seitliches Ausweichen des Unterkiefers verhindert. Dieses geschieht in der Regel beim Englischen Reithalfter, da das Trensengebiß hierbei zu lose im Maul liegt. Die gleichen Mängel haften dem Kombinierten Reithalfter an, bei dem zusätzlich häufig der Druck auf dem Nasenbein durch das Verkanten des Nasenriemens sehr stark ist. Zusammen mit einem Kappzaum benutzt, stört der Nasenriemen des Hannoverschen Reithalfters im Gegensatz zu anderen Reithalftern nicht.

Wird ein normaler Reittrensenzaum gewählt, sollten die Zügel um den Hals geschlungen, im Kehlriemen befestigt oder das Zügelende am oberen Ring des Laufgurtes bzw. am Sattelriemen befestigt werden.

Die Longe
ist eine mindestens 7 m lange und etwa 2 cm breite Gurtleine, die am Führende mit einer etwa 20 cm langen Handschlaufe und am Anfang mit einer Hak- oder Schnallvorrichtung versehen sein muß. Praktisch ist zur Befestigung an der Trense oder am Kappzaum ein leichter Karabinerhaken.

Wird eine Schnallvorrichtung gewählt, so sollte diese leicht zu handhaben sein, was durch genügend große ovale Schnallen und ovale Löcher gewährleistet ist. Eine Lederleine wird durch Schweiß oder Witterung zu glatt.

Unzweckmäßig ist das Aufnähen von Querstegen, da diese die notwendige Gleitfähigkeit der Longe behindern und schwere Verletzungen an der Hand verursachen können. Zusätzlich zwischen Schnallstück und Leine angebrachte "Wirbel" können jedoch das glatte Ausdrehen der Longe erleichtern.

Die flexible Longe, die sich ähnlich wie eine Hundeleine automatisch verkürzt und verlängert, wird sich als unpraktisch und hinderlich erweisen.

Die **Longierpeitsche** soll einen leichten, biegsamen, aber doch zähen Stock von etwa 1,80 m bis 2,00 m Länge haben. Am oberen Ende befindet sich eine Schlaufe zur Befestigung der etwa 3,00 m langen Peitschenschnur, so daß der Longenführer bei gestrecktem Arm das Pferd jederzeit mit dem Ende des Peitschenschlages erreichen kann.

Der Griff und das erste Drittel des Peitschenstieles sollten so schwer sein, daß zu dem restlichen Teil mitsamt der Schnur ein Gleichgewicht hergestellt werden kann, denn nur eine ausgewogene Peitsche läßt gute Einwirkung zu. Selbstverständlich sollte auch eine entsprechende Pflege der Peitschenschnur sein, da nur die geschmeidig gehaltene und knotenfreie Schnur ihren Zweck erfüllen kann.

Die Longierpeitsche dient niemals zum Strafen des Pferdes, sondern ist als Hilfe anzusehen, ohne die ein gutes Ausbilden nicht möglich ist. Der gute Ausbilder wird deshalb den Umgang mit der Peitsche üben. Der Wert einer guten Longierpeitsche wird häufig unterschätzt. Viele Ausbilder longieren mit unzureichendem Handwerkszeug und kommen daher nicht zu dem gewünschten Erfolg.

Der **Longiergurt** wird aus Hanf, Leinen oder ähnlichem Material hergestellt. Randeinfassungen und Nahtstellen für die Befestigung der Ringe und Schnallen sind zweckmäßigerweise wegen der besseren Haltbarkeit aus Leder. Vollständige Ledergurte sind in der Anschaffung sehr teuer und bedürfen sorgfältigerer Pflege als die zuerst genannten.

Da der Longiergurt über den Sattel geschnallt werden soll, muß er eine ungefähre Länge von 2,00 m haben. Die bloße Gurtlänge kann etwa bei 1,50 m liegen. Die Schnallstrupfen mit etwa 0,50 m Länge lassen dann eine sichere Befestigung über dem Sattel und leichte Handhabung des Gurtes zu.

Polsterungen, die dazu dienen, den Widerrist freizuhalten, sind nur bei Laufgurten zweckmäßig. Gepolsterte Longiergurte sollten auch ohne untergelegten Sattel - z.B. beim Bewegen der Pferde - benutzt werden.

Zum Befestigen der Ausbindezügel befinden sich an der Seite des Gurtes mehrere (mindestens 3) etwa 5 cm auseinanderliegende, genügend große Ringe. Die Anzahl der Ringe gestattet das Variieren in der Höhe der Ausbindezügel. An der oberen Mitte des Gurtes ist in Widerristrichtung ein weiterer Ring zum Befestigen der Aufsatzzügel angebracht. Bei einigen seltenen Fällen kann die Benutzung eines Schweifriemens erforderlich werden. Dieser wird in einen weiteren Ring eingeschnallt, der oben in der Mitte des Gurtes am hinteren Rand befestigt ist. Schnallen und Unterseite des Gurtes müssen so beschaffen und gepolstert sein, daß sie keine Druck- oder Scheuerstellen, weder am Pferdeleib noch am Sattel, verursachen.

Zweckmäßigerweise werden zum Longieren die Bügelriemen aus dem Sattel geschnallt oder aber so durch die hochgezogenen Steigbügel geschlungen und unter den Longiergurt gelegt, daß sie den Sattel nicht beschädigen.

Ausbindezügel sind unerläßliche Hilfsmittel für eine erfolgversprechende Longenarbeit. Es gibt sie in vielfacher Ausführung und mit unterschiedlicher Systematik. Nicht alles ist für jedes Pferd gleichermaßen brauchbar oder zweckmäßig.

Der allgemein gebräuchliche Ausbindezügel besteht aus 2 schmalen, etwa 1,50 langen Riemen. Diese Riemen werden seitlich am Trensenring und am Longier- bzw. Sattelgurt befestigt. Auch hier empfiehlt sich zur Anbringung am Trensenring ein leichter Karabinerhaken, zur Anbringung am Gurt jedoch ein genügend langes Schnallstück mit leicht gängigen Schnallen und ausreichender Lochzahl zum Variieren der benötigten Länge.

Ausbindezügel mit zwischengenähten Gummiringen sollen den Zügel federnd gestalten. Aus fachlicher Sicht ist dieses jedoch nicht erforderlich, für manche Zwecke der Longenarbeit sogar falsch. Außerdem erhöhen die Gummiringe das Gewicht des Zügels und stören dadurch das Pferdemaul.

Eine weitere zweckmäßige Ausbindeart stellt der sogenannte Laufferzügel (Schlaufzügel) dar. Dieser besteht aus 2 je 2,50 m bis 2,75 m langen Leder- oder Gurtriemen, die durch den Trensenring geschlauft und mit beiden Enden am Gurt befestigt werden.

Durch den relativ kleinen Kreis, auf dem sich das Pferd beim Longieren bewegt, ist die Gefahr des Anklopfens und der Verletzung der Beine durch die enge Drehbewegung gegeben.

Es empfiehlt sich daher immer, zumindest die Vorderröhre durch **Bandagen** oder **Gamaschen** zu schützen.

Entsprechend dicke Wollbandagen liegen weich am Pferdebein an. Bei Gamaschen ist die Anbringung durch Schnallung oder Klettverschluß leichter, bei Bandagen aufwendiger.

An den Hinterbeinen sind Gamaschen oder Bandagen nur bei späterer versammelnder Arbeit und bei Seitengängen am langen Zügel notwendig. Bei einfacher Longenarbeit genügen Streichkappen oder Streichlappen zum Schutz der Fesselköpfe.

Der Nachteil allen Beinschutzes ist die Einengung der Sehnenbeweglichkeit und die Gefahr der Einschnürung der Blutbahnen an den Beinen. Daher sollten nach Entfernung der Bandagen und Gamaschen immer die Beine der Pferde kühl abgewaschen werden.

Der Kappzaum ist ein aus starkem Leder gearbeitetes spezielles Halfter. Er erhält seine Wirkung durch gepolsterte Stahlbügel, die auf dem Nasenbein des Pferdes liegen und somit nicht nur auf den Unterkiefer, sondern bis in das Genick des Pferdes wirken, was beim im Pferdemaul liegenden Gebiß nicht der Fall ist.

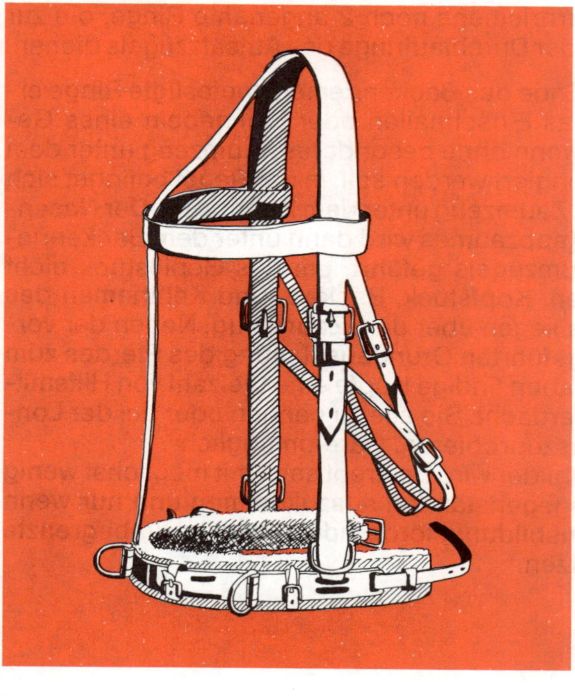

Kappzaum

Auf dem Stahlbügel des Nasenriemens sind mehrere Ringe befestigt, in die die Longe geschnallt wird. In der Regel wird der mittlere Ring dazu gewählt. Ein Kehlriemen sowie ein am Backenriemen befestigter, tiefer liegender Riemen sorgen für die feste Lage des Kopfstückes und verhindern das Herüberrutschen in das Auge.

Da der Nasenriemen, besonders, wenn eine Longe eingeschnallt ist, sehr schwer ist und unten auf die Nüstern drücken könnte, ist ein nach oben an das Kopfstück führender Riemen vorhanden, der durch entsprechende Schnallung dafür sorgt, daß der Nasenriemen seine Lage nicht verändert. Die obere Maulspalte (Lefzen) und der untere Rand der Jochbeinleiste dürfen vom Nasenriemen nicht berührt werden.

Seitlich am Kopfstück des Kappzaumes befinden sich in Höhe des Stirnriemens noch 2 angenähte Ringe, die zur Befestigung der Durchlaufringe des Aufsatzzügels dienen.

Am unteren Ende des Backenriemens befestigte Ringe ermöglichen das Einschnallen oder Einknebeln eines Gebißstückes, wenn ohne besonderes Zaumzeug unter dem Kappzaum longiert werden soll. In der Regel befindet sich das einfache Zaumzeug unter dem Kappzaum. Der Nasenriemen des Kappzaumes wird dann unter dem Backenriemen des Zaumzügels geführt, um das Gebißstück nicht einzuklemmen. Kopfstück, Backen- und Kehlriemen des Kappzaumes liegen über dem Zaumzeug. Neben der vorstehend aufgeführten Grundausstattung des Pferdes zum Longieren, haben findige Köpfe eine Vielzahl von Hilfsmitteln aller Art erdacht. Sie alle zu nennen oder bei der Longenarbeit auszuprobieren, wäre unmöglich.
Der gute Ausbilder wird bestrebt sein, mit möglichst wenig Ausrüstungsgegenständen auszukommen und nur wenn notwendig ausbildungsfördernde Hilfsmittel für begrenzte Zeit einzusetzen.

2.3. Kappzaum oder Trense?

Die Befestigungsmöglichkeiten der Longe

Bei der Longenarbeit wird von Fall zu Fall zu entscheiden sein, ob der Befestigung der Longe am Kappzaum oder direkt am Trensenzaum der Vorzug zu geben ist.

Drei Kriterien liegen vor:

- Das Longieren eines jungen Pferdes in der ersten Ausbildungsphase der Gewöhnung
- Die Longenarbeit mit dem Ziel der Unterstützung reiterlicher Grundgymnastizierung
- Das Longieren und Arbeiten des Pferdes an der Hand zur Erreichung erhöhter Versammlung

Die Befestigung der Longe am Trensenring birgt immer die Gefahr des seitlichen Herausziehens in sich.

Wird die Lage des Trensengebisses im Pferdemaul nicht durch seitliche Begrenzung mit Ausbindezügeln stabilisiert, hat das Longieren katastrophale Folgen wie Zungenfehler und Versteifungen im Genick.

Junge Pferde in der Ausbildungsphase der ersten Gewöhnung werden zunächst sehr lang ausgebunden. Die Longe würde in diesem Fall das Maul des Pferdes stark strapazieren. Daher sollte nur eine Befestigung und Führung der Longe über den Kappzaum in Frage kommen.

Zweckmäßig ist die Anwendung eines leichten Kappzaumes, der auf dem gut gepolsterten Nasenriemen nur einen genügend großen Ring zum Befestigen der Longe zu haben braucht. Wichtig sind die Befestigungsriemen, die vom Backenstück ausgehend hinter dem Unterkiefer des Pferdes das Verrutschen des Kappzaumes und somit Verletzungen des Auges verhindern.

Behelfe anstelle des Kappzaumes in Form von Stall- oder Reithalftern sind stets kritisch zu bewerten, da sie kaum die vollen Anforderungen der Festigkeit im Sitz gewährleisten. Es kann nicht oft genug darauf hingewiesen werden, daß unpassende Ausrüstung jede Arbeit in ihrem Wert stark mindert.

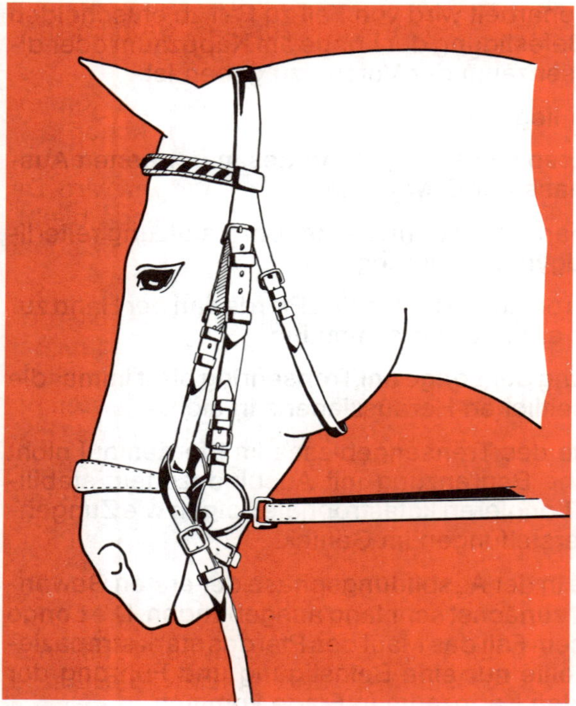

Befestigung der Longe am Trensenring und dem Backenriemen des hannoverschen Reithalfters

Muß mangels eines Kappzaumes mit dem Behelf gearbeitet werden, kann die Longe am Trensenring und dem Backenstück eines stabilen Hannoverschen Reithalfters zusammen befestigt werden. Die Befestigung der Longe lediglich am Kinnstück (dem eingenähten Verbindungsstück zwischen den beiden Trensenringen) sowie der Gebrauch einer "Longierbrille", der einschnall- oder einhakbaren Ringverbindung, ist nicht zu empfehlen. Der Zug der

Longe wird den entgegengesetzten (äußeren) Trensenring gegen die Lefzen des Pferdes und im Maul das gebrochene Gebiß gegen den Gaumen drücken. Wird die Longe mit einer Lederschnalle befestigt, welche dem Karabinerhaken vorzuziehen ist, dann sollte darauf geachtet werden, daß der Dorn der Schnalle immer oberhalb liegt und nicht zum Pferd hinzeigt und dann Verletzungen durch Festhaken erzeugt.

Je nach Eigenart des Pferdes und dem fachlichen Können des Ausbilders wird zu entscheiden sein, ob schon das junge Pferd bei der Gewöhnungsarbeit, auch wenn es mit dem Kappzaum longiert wird, auf Trense gezäumt wird. Da das Gebißstück ohne Belastung durch die Longe bleibt, darf es auf keinen Fall zu tief im Pferdemaul liegen, sonst sind Zungenfehler unausbleiblich.

Bei der Arbeit mit Pferden, die das Longieren bereits gewohnt sind, kann auf den Kappzaum verzichtet werden. Bei dieser zielgerichteten Arbeit sind die Pferde in der Regel so ausgebunden, daß der äußere Ausbindezügel ausreicht, um ein Durchziehen oder Drücken des Trensenringes gegen die Lefze zu verhindern. Die Befestigung der Longe zusammen mit Trensenring und Backenstück ist bei weniger geübten Longenführern empfehlenswert. Um die Lage des Gebißstückes soweit wie möglich gerade auf der Zunge im Maul zu belassen, muß die Longe so befestigt werden, daß die Wirkung des Ausbindezügels nicht unterbrochen wird.

Die als "Kopflonge" bezeichnete Befestigungsart sollte nur von erfahrenen Fachleuten benutzt werden. Die Longe wird hierbei am äußeren Trensenring befestigt und läuft über das Genick des Pferdes durch den inneren Trensenring zur Hand des Longenführers. Sie hat eine stark aufrichtende Wirkung, bei der, ähnlich wie bei einer Aufzugtrense, die Lefzen hochgezogen werden. Sollte bei einigen wenigen Pferden eine aufrichtende Wirkung notwendig sein, wäre die Arbeit mit dem Aufsatzzügel angebracht.

Für versierte Longenführer soll noch die gleitende Longenbefestigung erwähnt werden, die in Sonderfällen nutzbringend verwandt werden kann.

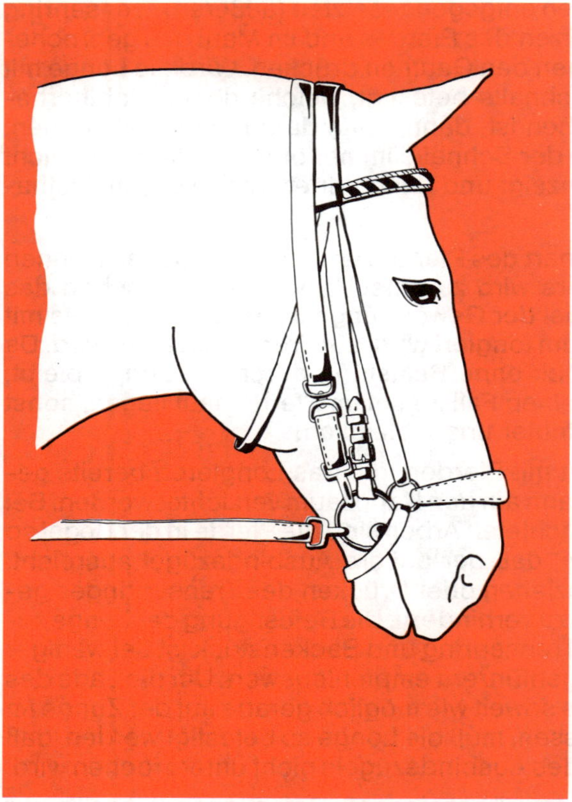

Anbringung und Verlauf der Kopflonge an der äußeren Seite

Zweckmäßig ist dann allerdings der Gebrauch einer rund genähten Longe oder einer mit Seife geschmeidig gemachten, einfachen Wäscheleine.

Es gibt 3 - je nach Ausbildungsziel unterschiedliche - Anwendungsarten:
Um korrekte Stellung, gleichzeitig aber auch eine geringe aufrichtende Wirkung zu erzielen, wird die schmiegsame und gleitende Longe in den äußeren Trensenring ge-

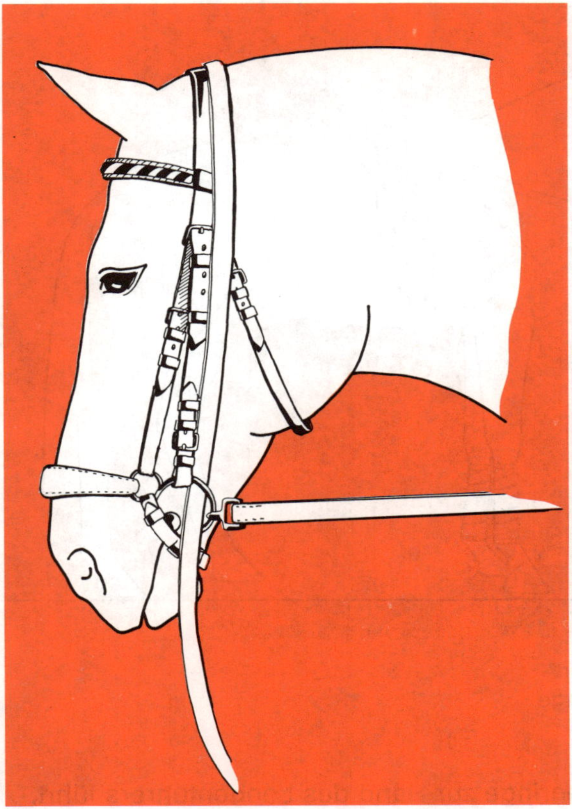

Verlauf der Kopflonge an der inneren Seite

schnallt. Von da aus führt sie durch einen Ring, der am obersten Punkt des Longiergurtes befestigt ist, zurück durch den inneren Trensenring und schließlich zur Hand des Longenführers. Dieser ist dann in der Lage, die Längsbiegung des Pferdes zu erzielen und zu kontrollieren.

Erhöhte Versammlung wird erreicht, indem man die Leine in den inneren Trensenring schnallt, sie dann durch den Gurtenring (oben) und nun von außen nach innen durch

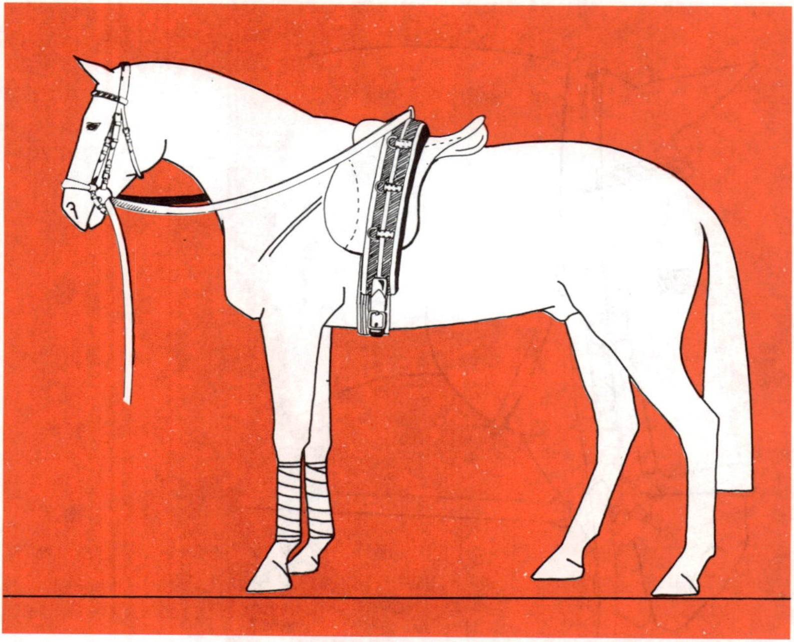

Der Verlauf der
gleitenden Longe

beide Trensenringe zur Hand des Longenführers führt.

Manche Pferde neigen dazu, mit der äußeren Schulter nach außen zu drängen und Hals und Kopf, mehr als es die reine Längsbiegung erforderlich macht, hereinzustellen. Wenn sie also in dieser Weise vor dem Widerrist lose werden, ist die dritte Anwendungsart empfehlenswert:

Innerer Trensenring - Gurtenring - äußerer Trensenring und von da unmittelbar unter dem Pferdekopf hinweg in die Hand. Diese Art der Longenbefestigung wirkt geraderichtend, da sie die äußere Schulterführung überwacht und bei entsprechender treibender Einwirkung das Pferd versammelt.

Die Hand des Longenführers kann bei diesen Befestigungsarten sowohl wie die Reiterhand nachgeben als auch bei stärkerem Vortreiben das Tempo mit entsprechenden Paraden regeln. Sie kann also nachgebend und auch durchhaltend wirken, was nicht möglich ist, wenn die Einwirkung durch Ausbindezügel, die bei dieser Arbeit völlig entfallen, behindert wird.

2.4. Das Ausbinden der Pferde zum Longieren

Zweck und verschiedene Möglichkeiten

Ausbindezügel stellen eine Verbindung zwischen dem Longier- bzw. Sattelgurt zum Pferdemaul her und beeinflussen die Kopf-Halshaltung nach den Wünschen des Menschen.

Der Gebrauch von Ausbindezügeln wird dem deutschen Reitsystem als Ursache der beim Reiten oft bemängelten, zu eng gemachten Pferdehälse angelastet.

Der durch den unsachgemäßen Gebrauch des Ausbindezügels gelegentlich entstehende äußere Eindruck gibt dieser Kritik scheinbar recht und stärkt zugleich die Position derjenigen, die die völlig unbeeinflußte Bewegungsfreiheit des Pferdes befürworten.

Die Nutzung des Pferdes als Tragtier ohne Schädigung der Gesundheit ist nur möglich, wenn es seine Muskulatur und sein Gleichgewicht der zunächst unnatürlichen Belastung des Reitens oder Fahrens anpaßt.

Diese Anpassung bedingt eine Änderung der Körperhaltung, für die das Pferd nach einer kurzen Gewöhnungsphase an Sattel und Zaum oder Geschirr einer bestimmten federnden Anlehnung an das Gebiß bedarf. Erst nach einer längeren Gymnastizierungsarbeit wird diese zweckmäßige Arbeitshaltung zu der im reiterlichen Sinne gefestigten "Selbsthaltung" führen.

Daher ist die Ansicht der Verfechter der "natürlichen Ausbildungsmethode", daß die Selbsthaltung des gerittenen Pferdes nur durch leichte Gewöhnung zu erreichen sei, nicht vertretbar.

Eines der Hilfsmittel zum Erreichen und Festigen des Zieles "Selbsthaltung" im reiterlichen Sinne sind die Ausbindezügel.

Beim Longieren können zweckmäßig - je nach Ausbildungs- und Gymnastizierungsziel - verschiedene Ausbindearten verwandt werden:

Der einfache Ausbindezügel gibt dem Pferd je nach erreichtem Ausbildungsstand die Möglichkeit zur Anlehnung am Gebiß. Die durch den Genickbeuger, Brust-, Kiefer- und Halsmuskel erzeugte Zurücknahme des Pferdekopfes durch Abbeugen in der Ganaschenpartie ohne wesentliche Verkürzung, wohl aber allmählich erfolgender höherer Haltung des Halses und Genicks, wird Beizäumung genannt.

Bei einem Pferd in der Grundausbildung wird zur Erreichung dieser Beizäumung der einfache Ausbindezügel seitlich am Gurt so hoch angebracht, daß sich das Maul bei nachgebender Halsmuskulatur etwa in Buggelenkshöhe befindet. Beim weiter ausgebildeten Pferd, das sich allmählich versammelt (s. Beugung in den Hankengelenken), sollte sich das Maul etwa in Hüftgelenkshöhe befinden.
Die Länge der Ausbindezügel ist dabei so zu bemessen, daß die Stirnlinie des Pferdes während der Anfangsarbeit weit (mindestens eine Handbreit) vor der senkrechten Linie steht und bei fortgeschrittener Arbeit fast mit dieser zusammenfällt. Der Longenführer kann das jedoch immer erst bei dem sich bewegenden Pferd feststellen, das sich vor den treibenden Hilfen befindet.
Bei stärker anstehendem Ausbindezügel sollte daher zu-

nächst der äußere Ausbindezügel am Trensenring befestigt sein, bevor sehr vorsichtig der innere eingehakt wird. Unvorsichtiges Vorgehen kann zu Widerständen des Pferdes führen und den Erfolg der Arbeit für längere Zeit in Frage stellen.

Bei der Longenarbeit muß der Ausbilder davon ausgehen, daß das Pferd sich an den Ausbindezügel herandehnen und durch Nachgeben im Genick sich anschließend am Gebiß "abstoßen" soll. Aus diesem Grunde ist es unzweckmäßig, in den Ausbindezügel zusätzliche "Puffer" in Form von Gummiringen einzubauen. Durch diese, wenn auch nur minimal nachgiebigen Zügel lernen die Pferde das Stoßen gegen das Gebiß, später gegen die Hand des Reiters und kommen nicht zu der erwünschten Nachgiebigkeit und Durchlässigkeit im Genick. Da nach der Gewöhnungsphase im ersten Ausbildungsabschnitt vorwiegend die Anlehnung am äußeren Zügel durch das Herandehnen des ganzen Pferdekörpers auf dieser Seite angestrebt wird, sollten beide Ausbindezügel in gleicher Länge gehalten werden.

In diesem Ausbildungsabschnitt wäre es verfrüht, dem Pferd durch Verkürzen des inneren Ausbindezügels eine "Stellung" geben zu wollen. Der Erfolg wäre mangels ausreichender Gymnastizierung des inneren Hinterbeines ein stärkeres Belasten der äußeren Schulter und deren Ausfallen mit hohl gemachter innerer Halsseite.

Auch im Verlauf der weiter fortgeschrittenen Arbeit, bei der das Pferd mit einer leichten Stellung gearbeitet werden kann, sollte der Ausbilder aus psychologischen Gründen nicht an das Verkürzen des inneren Ausbindezügels denken. Vielmehr sollte die Stellung durch richtige Anwendung der Longe verbunden mit den treibenden Hilfen erreicht werden. Bei Pferden, die sich trotz entsprechender Länge des Ausbindezügels auf das Gebiß legen, also zu tief eingestellt gehen, darf der Zügel nicht höher geschnallt werden. Man würde dadurch eine stärkere Anlehnung auf dem Gebiß erreichen. Hier muß als Abhilfe zum richtigen Zeitpunkt die konsequente Peitschenhilfe das Pferd in freiere Gangart zum erwünschten Abstoßen am Gebiß bringen.

Bei gegenteiliger Verhaltensweise des Pferdes, wenn dieses mit zu hoher Kopfhaltung sich nicht an das Gebiß herandehnt, wäre es falsch, durch Tieferschnallung die bessere Einstellung erzwingen zu wollen. Man muß davon ausgehen, daß Zug nach unten nur Gegenzug nach oben erzeugt. Eine leichte Höherschnallung, verbunden mit geringer Stellung und Mäßigung im Gangmaß bei etwas kleiner angelegter Zirkelgröße, wird in den meisten Fällen zum Erfolg führen.

Das oft praktizierte Herunterbinden des Pferdekopfes mit der Einschnallung der Ausbindezügel - vorwiegend mit dem Schlaufzügel - zwischen den Vorderbeinen des Pferdes hindurch, erbringt in der Regel nur Scheinerfolge. Das Pferd nimmt hierbei eine zu tiefe Kopfhaltung ein, die bei hoher Kruppe ein genügend weites Untertreten der gebeugten Hinterbeine nicht zuläßt. Der aufgewölbte Rücken spannt sich, federt aber nicht. Daher sollte bis auf wenige extreme Fälle, in denen für kurze Zeit diese Ausbindeart einmal angebracht erscheint, von dem Ausbinden zwischen den Vorderbeinen abgesehen werden.

Vor Beginn jeder Longenarbeit muß sich der Longenführer von der korrekten Länge der Ausbindezügel überzeugen. Augenmaß oder Abzählen der Schnallöcher sind ungenau. Zweckmäßig ist es, vor dem ausgebundenen Pferde stehend mit dem auf den Gebißstückköpfen liegenden Zeige- oder Mittelfinger durch leichtes Vorziehen die genaue und gleichmäßige Länge abzufühlen.

In einigen Fällen kann zur Erreichung des angestrebten Zieles auch über die Wahl eines anderen Ausbindemittels nachgedacht werden.

Die Nachteile des in einer Richtung wirkenden und sich bei Veränderung der Kopfhaltung verkürzenden einfachen Ausbindezügels treten bei dem **Laufferzügel** - auch Schlauf- oder Holläuferzügel - genannten doppelten Ausbindezügel nicht in dem Maße auf.

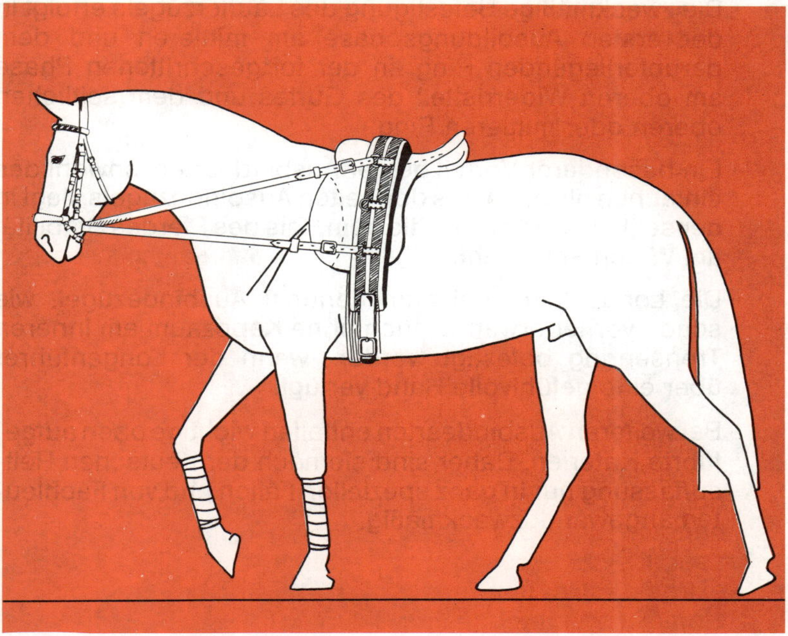

Anbringung und
Verlauf des
"Laufferzügels"

Mit Vorteil kann der Laufferzügel - nach dem zu Anfang dieses Jahrhunderts wirkenden Dressurausbilder Lauffer benannt - bei Pferden, die sich im Rücken festhalten, sich zu hoch tragen und den Weg nach vorwärts - abwärts nicht finden können, angewandt werden.

Das Herandehnen und anschließende Abstoßen am Gebiß wird diesen Pferden dadurch besonders schmackhaft gemacht, daß diese Ausbindeart gleichsam zum Vorwärts-Abwärts-Gleiten am doppelten Zügel einlädt.

Die zweckmäßige Befestigung des Laufferzügels erfolgt in der ersten Ausbildungsphase am mittleren und dem darunterliegenden Ring, in der fortgeschrittenen Phase am oberen Widerristteil des Gurtes und dem seitlichen oberen oder mittleren Ring.

Ein besonderer Vorteil beider Ausbindearten, sowohl des einfachen als auch des doppelten Ausbindezügels, liegt in der seitlichen Führung, die dem Hals des Pferdes Stabilität am Widerrist verleiht.

Die Longe kann bei anstehendem Ausbindezügel, wie schon vorher erwähnt, auch ohne Kappzaum am inneren Trensenring befestigt werden, wenn der Longenführer über eine gefühlvolle Hand verfügt.

Bei weiteren Ausbindearten entfallen wichtige oben aufgeführte Kriterien. Daher sind sie nach der deutschen Reitauffassung nur in ganz speziellen Fällen und von Fachleuten angewandt zweckmäßig.

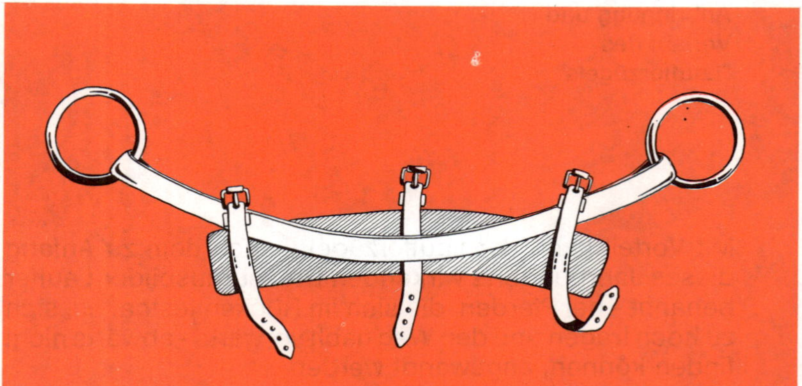

Genickstück des Chambons

Eines dieser Ausbindemittel ist das **"Chambon"**.
Longieren mit dem "Chambon" wird gern in Italien und Frankreich, und hier vorwiegend bei der Ausbildung von Springpferden angewandt. Ausgehend von dem Gedanken, daß das Pferd den Rücken so stark wie möglich nach oben wölben und den Hals soweit es geht nach unten strecken soll, um die entsprechende Muskulatur zu kräftigen, wirkt das Chambon auf das Genick des Pferdes. Es schaltet jedoch sogleich seine Wirkung aus, wenn das Pferd den Hals fallen läßt. Es geht dann in tiefer Haltung, ohne die Möglichkeit einer Anlehnung am Gebiß zu finden und ohne jegliche seitliche Begrenzung.

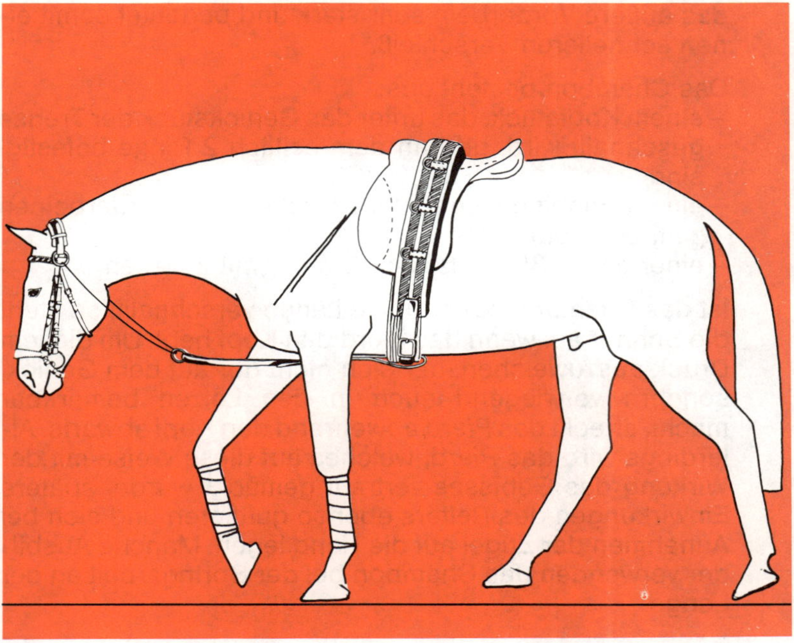

Die Wirkungswei-
se des Chambons

Nach deutscher Reitauffassung dient der Rückenmuskel ausschließlich der Fortbewegung durch den Impuls der Hinterhand in Verbindung mit der Federkraft der Hanken und nicht zum Tragen des Reitergewichtes. Aus diesem Grunde darf der Rücken sich nur in der Wirbelbrücke so weit wölben, daß die Schwingungen der Muskulatur durch "Dehnung" der gesamten Hinterhand-Rückenpartie an die "Anlehnung" heran auch wieder zur neuen Impulsentwicklung in die Hinterhand zurückfluten kann. Das "Strecken" der Muskulatur muß in diesem Sinne eher als eine Abwehrbewegung des Pferdes angesehen werden.

Besonders nachteilig wirkt sich beim Chambon die fehlende Begrenzung an der äußeren Seite aus. Die Bewegung auf dem relativ kleinen Zirkelbogen belastet in jedem Fall das äußere Vorderbein sehr stark und bedeutet somit einen schnelleren Verschleiß.

Das Chambon besteht aus:

- einem Kopfstück, das unter das Genickstück der Trense geschnallt wird, und an dem seitlich 2 Ringe befestigt sind
- einem Ausbindezügel, der zwischen den Vorderbeinen zum Gurt führt
- einer etwa 135 cm langen Schnur mit 2 Haken

Ist das Chambon auf normale Länge verschnallt, so steht die Schnur an, wenn das Pferd den Kopf hebt. Um diesem Druck auszuweichen, der sich nicht nur auf dem Genick, sondern vorwiegend auch in den Lefzen bemerkbar macht, streckt das Pferd abwehrend den Kopf abwärts. Allerdings wird das Pferd, welches auf diese Weise mit der Wirkung des Gebisses vertraut gemacht wurde, spätere Einwirkungen des Reiters ebenso quittieren und sich bei Annehmen der Zügel auf die Hand legen. Manche Ausbilder verwenden das Chambon bei der Springarbeit an der Longe.

Einem gravierenden Nachteil des Chambons, der Wirkung des Lefzenzuges, versucht die vorwiegend in Frankreich entwickelte Ausbindehilfe "Gogue" entgegenzuwirken.

Das System des Gogue besteht vorwiegend aus Wirkung in dem Dreieck zwischen Brust - Genick - Maul des Pferdes, welches aus der nebenstehenden Zeichnung ersichtlich wird.

Das Gogue kann zusammen mit dem Kappzaum angewandt werden. Die fehlende seitliche Begrenzung mindert den Wert des Gogue.

Die Anbringung des Gogue

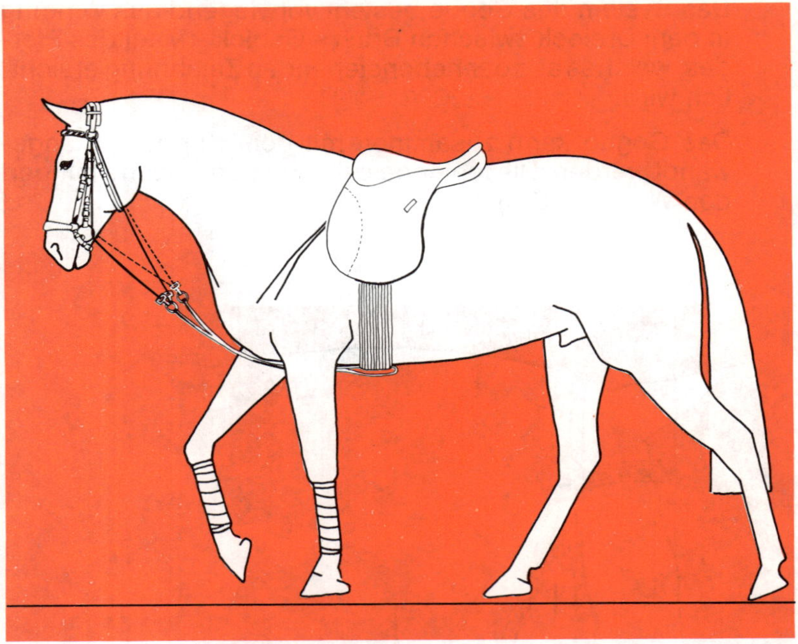

Verlauf des Gogue

Abschließend soll noch der **Stoßzügel** als Ausbindehilfe erwähnt werden.

Dieser besteht aus einem einfachen Schnallriemen (Ausbindezügel), der am Gurt und zwischen den Vorderbeinen des Pferdes hindurch am Kinnriemen oder mittels einer Longierbrille an der Trense befestigt wird. Der Stoßriemen verhindert das Hochnehmen des Pferdekopfes, bietet aber sonst keine Anlehnung oder seitliche Begrenzung. Aus diesen Gründen ist sein Wert als Hilfsmittel beim Longieren sehr gering einzuschätzen. Wird der Stoßzügel angewandt, so sollte wie beim gleitenden Ringmaterial ein Halsriemen benutzt werden, da sonst der Riemen des Ausbinders beim Tiefernehmen des Halses unter die Vorderhufe geraten kann.

3. Die Technik des Longierens

3.1. Beherrschung des Handwerkszeuges

Die sichere Beherrschung des Handwerkszeuges durch den Longenführer (Ausbilder) ist Voraussetzung zum Erfolg. Erst wenn das Handwerkszeug beherrscht wird, können die verschiedenen Ziele der Longenarbeit angestrebt und individuell für die Erfordernisse des jeweiligen Pferdes abgestimmt werden.

3.1.1. Die Longe

Die am Kappzaum bzw. Zaumzeug befestigte Longe wird vom Longenführer, wenn links herum longiert wird mit der linken, rechts herum mit der rechten Hand geführt. Die Longe liegt dazu glatt ausgedreht in etwa 0,30 m langen Schlägen in der vollen Hand. Die am Ende der Longe befindliche Schlaufe kann auf das Handgelenk gestreift werden, aber auch in der Hand verbleiben. Der zum Pferd führende Teil läuft über den Knöchel des Zeigefingers und den Handrücken. Der Daumen hält die zusammengelegten Schlaufen darauf fest und sorgt dafür, daß die Longe sich nicht zusammenzieht, läßt aber je nach Bedarf Schlaufe um Schlaufe heraus. Niemals sollte die Longe allein an der Endschlaufe festgehalten werden, da diese bei einem Ruck des Pferdes der Hand entgleiten oder der Longenführer Zerrungen und Verletzungen am Arm erleiden könnte.

Zur Führung der Longe und Aufrechterhaltung eines beständigen, aber federnden Kontaktes mit dem Pferdemaul muß die Hand des Longenführers aufrecht mit dem Daumen nach oben stehen, ohne daß dabei das Handgelenk zu stark abgewinkelt wird. Unteram, Handrücken und Longe bilden dann bis zum Pferdemaul eine ununterbrochene gerade Linie.

Die Aufgabe der Longe ist es, das Pferd zu führen und die Ganaschenstellung zu erhalten. Dazu ist es zweckmäßig, wenn die Longenhand führend etwas "vor dem Pferdemaul" steht. Dieses wird erreicht, wenn der Longenführer den am Körper mit dem Ellbogen anliegenden Unterarm leicht seitlich abwinkelt. Durch das Anliegen des Ellbogens am Körper wird einer Ermüdung des Armes bei längerem Longieren vorgebeugt.

Die Führung der Longe wie die Zügel beim Reiten - vom Pferdemaul ausgehend zwischen kleinem und Ringfinger, die Enden über den Zeigefinger vom Daumen gehalten - hat den Nachteil, daß die longenführende Hand rückwärts wirkt. Diese Longenhaltung wird gelegentlich beim Voltigieren angewandt, aber auch dort besteht dazu keine Notwendigkeit.

Die Einwirkung mit der Longe geschieht durch Annehmen und Nachgeben aus dem Handgelenk, erforderlichenfalls aus dem ganzen Arm heraus. Kurze, schärfer wirkende Paraden können durch Erzeugen von Wellenbewegungen mit der Longe gegeben werden. Dazu schüttelt der Longenführer die Hand etwa 3- bis 4mal kurz auf und ab und erzeugt so eine sich mit der Longe fortsetzende wellenförmige Bewegung, die sich beim Kappzaum auf das Nasenbein oder bei Befestigung der Longe am Trensenring im Maul als "Parade" auswirkt.

Als Fehler in der Handhabung der Longe sind anzusehen:

– **Steife Arm- und Handhaltung**
  Bei heruntergedrücktem, geradem Arm, bei steifem Handgelenk oder bei zu hoch gehaltener Hand behindert die Longe ständig gefühllos den Bewegungsrhythmus des Pferdes.

– **Stark durchhängende, auf dem Boden schleifende Longe**
Eine durchhängende, auf dem Boden schleifende Longe gefährdet die Sicherheit des Longenführers, der in die Schlaufen treten und stolpern kann. Außerdem wird das Pferd durch die Schwere der Longe sehr behindert.

– **Ständig starke stramme Anlehnung**
Die ständig zu stramme Anlehnung der Longe verleitet das Pferd dazu, sich mit seinem Gewicht dagegenzustemmen und beansprucht die Kräfte des Longenführers in zunehmendem Maße. Takt, Losgelassenheit und Längsbiegung des Pferdes werden gestört. Eine gelegentlich leicht durchhängende Longe ist einer zu starken Anlehnung vorzuziehen.

– **Falsches Aufnehmen der Longe**
Falsches Aufwickeln der Longe verhindert ein gleichmäßiges und genügend schnelles Abwickeln, wenn das Pferd die Kreislinie erweitern soll. Unordentliche und verdrehte Aufnahme der Longe kann in prekären Situationen die Hand des Longenführers verletzen und Rucke im Pferdemaul erzeugen. Die aufeinanderliegenden Schlaufen der Longe müssen durch leichtes Öffnen der Hand einzeln herausgleiten und auch in gleichmäßig großen Schlaufen beim Verkürzen wieder aufeinander in die Hand gelegt werden. Verletzungen der Hand des Longenführers durch zu schnelles Herausgleiten - z.B. bei einem wegstürmenden jungen Pferd - können durch Tragen von Handschuhen verhindert werden. Diese mindern jedoch das Gefühl in der Hand, und es sollte daher von Fall zu Fall individuell geprüft werden, ob Handschuhe zweckmäßig sind.

– **Ständiger Standortwechsel des Longenführers**
Um eine gleichmäßige federnde Anlehnung des Pferdes an der Longe zu gewährleisten, muß der Longenführer einen gleichbleibenden Standpunkt in der Mitte des Longierzirkels einnehmen. Der Oberkörper wird leicht in Bewegungsrichtung gedreht. Zurückbleiben mit der Schulter verhärtet die Longeneinwirkung. Störend und

die gleichbleibende Anlehnung gefährdend wirkt das Hin- und Herlaufen des Longenführers.

3.1.2. Die Peitsche

Die richtig angewandte, zweckmäßig beschaffene Longierpeitsche ist unerläßliches Utensil bei guter Longenarbeit. Bei falschem Gebrauch der Peitsche werden die Pferde unruhig und heftig. Ohne Peitsche zu longieren, ist Zeitverschwendung und gleicht Reiten ohne treibende Einwirkung. Linksherum longiert wird die Peitsche mit der rechten Hand, rechtsherum mit der linken Hand geführt. Der Peitschenstiel liegt mit seinem Schwerpunkt, von Daumen und Daumenballen gehalten, in der vollen Hand. Der am Peitschenstiel anliegende Zeigefinger dirigiert die Schlagrichtung. Die Peitschenspitze weist auf das Hinterbein in Richtung Sprunggelenk des Pferdes. Der Peitschenschlag schleift im Kreisbogen auf dem Boden. Ein geschickter Longenführer kann das Ende der Schnur mit in die Hand nehmen und je nach Bedarf diese loslassen und zum Einsatz bringen. Bei Pferden, die das Longieren bereits gewohnt sind, genügt in der Regel ein leichtes Anheben der Peitschenspitze, um die erforderliche treibende Einwirkung zu erzielen.

Der Einsatz der Peitsche muß vor dem Longieren geübt werden. Mit einer leichten Drehung aus dem Handgelenk heraus kann die Peitschenschnur in jede beliebige Richtung gelenkt werden. Mit dieser erübten Fertigkeit erzielt der Longenführer treibende Hilfen durch leichtes Berühren der Schnurspitze am Hinterbein in jeder beliebigen Höhe. Er kann durch Berühren des Sprunggelenkes eine vermehrte Beugung erzielen, aber auch durch Treffen an der Schulter, an der Bauchseite oder wo auch immer es notwendig erscheint, eine aus dem Zirkel weisende Hilfe zu geben, wenn das Pferd nach innen drängt. Wie schon mehrfach betont, ist die richtig ausgewogene Peitsche und der gepflegte, genügend lange Peitschenschlag Voraussetzung für diese Fertigkeit. Bei heftigen, sehr erregten Pferden kann die Peitsche für eine kurze Zeit mit der Spitze nach hinten geführt werden, völlig wegfallen sollte sie aber nicht. Jedes Pferd gewöhnt sich an die Peitsche und respektiert sie als Hilfe. Allerdings darf sie niemals als Strafmittel benutzt werden. Schlagen und lautes Knallen schadet dem Vertrauen des Pferdes zur Peitsche und auch dem Erhalt und der Gebrauchsfähigkeit der Peitsche selber.

Fehler in der Handhabung der Peitsche entstehen durch:

– **Ungeübten Umgang mit der Peitsche**
  Das treffsichere, geräuschlose Handhaben der Peitschenschnur muß immer wieder geübt werden. Die Wahl der geeigneten Peitsche lehrt die Erfahrung. Pferde, deren Ausbilder die Peitsche falsch handhaben, sind ängstlich und daher nicht zur ruhigen, zielstrebigen und erfolgreichen Longenarbeit zu erziehen.

– **Das "Auf-den-Boden-Legen" der Peitsche**
  während an dem Pferd hantiert wird (so z.B. beim Verschnallen der Ausbindezügel, beim Handwechsel usw.) ist eine weit verbreitete Unsitte.

  Es ist weniger der Schaden, den eine am Boden liegende Peitsche durch das Darauftreten des Pferdes nehmen könnte, als die Verletzungsgefahr des Menschen. Eine zertretene Peitsche kann ersetzt werden und ist lediglich ein finanzielles Problem, aber schon sehr oft sind Menschen in dem Moment, als sie die am Boden liegende Peitsche aufheben wollten, von ihren ängstlichen Pferden mit den Hufen am Kopf geschlagen worden.

  Die Peitsche sollte daher immer, wenn am haltenden Pferd hantiert wird, mit der Spitze nach hinten unter den Oberarm des Longenführers geklemmt werden. Mit etwas Übung kann das jeder erlernen und sich zur Gewohnheit werden lassen, ohne das Pferd dabei zu belästigen.

3.1.3. Die Stimme

Der Gebrauch der Stimme spielt beim Longieren eine wesentliche Rolle und ist als unterstützende Hilfe anzusehen. Sie kann eine treibende, aber auch eine verhaltende, beruhigende Wirkung haben. Entscheidend ist der Tonfall, weniger das gesprochene Wort, obwohl Pferde auch den Sinn von Worten verstehen lernen und bei entsprechender Gewöhnung auf das Kommando "Galopp" angaloppieren bzw. bei "Halt" anhalten. Wichtig ist, daß der Longenführer Tonfall und Wort konsequent über längere Zeiträume gleichbleibend wählt. Der Wert der Stimmenhilfe sollte allerdings nicht überschätzt werden. Pferde, die alle mit der Stimme gegebenen Kommandos prompt ausführen, sind zwar "dressiert" im zirkusmäßigen Sinn, aber für die gymnastizierende Arbeit und Ausbildung ist dieser scheinbare Gehorsam nur bedingt von Wert.

Daher sollte der Longenführer beachten, daß die Stimme als unterstützende Hilfe immer in Zusammenarbeit mit der Longe und der Peitsche wirkt.

Als Fehler im Einsatz der Stimme sind anzusehen:

– **Zu häufiger und zu lauter Gebrauch der Stimme**
  stumpfen das Pferd ab, können es aber auch erregen und die erforderliche Ruhe und Aufmerksamkeit auf den Longenführer verhindern.

  Die Stimme soll je nach Zweck "auffordern", also kurz und etwas schärfer im Tonfall sein, oder "verhalten" (beruhigen) und somit tiefer im Tonfall sein und sich durch langgezogene Vokale auszeichnen.

– **Zuwenig Einsatz der Stimme**
  verhindert den Kontakt zwischen Mensch und Pferd, somit den fließenden Übergang zwischen den Hilfen.

– **Stimmenhilfe von Außenstehenden**
  muß unbedingt abgelehnt werden, da das Pferd sich nicht auf den Longenführer, sondern die Umwelt konzentriert und eine zielgerichtete Arbeit verhindert wird.

4. Longenarbeit bei unterschiedlichem Ausbildungsstand der Pferde

4.1. Longenarbeit mit einem ausgebildeten Pferd

Das "handwerkliche" Vorgehen beim Longieren mit einem problemlosen Pferd unterteilt sich in folgende Arbeitsgänge:

– Das Heranführen des Pferdes an den Longierplatz
– Das Vorbereiten und Ausbinden zum Longieren
– Den Beginn der Arbeit
– Den Handwechsel
– Das Beenden des Longierens

Der Ausbilder, der sich mit dem Longieren befaßt, sollte die erprobten Techniken der aufgeführten Arbeitsgänge kennen und individuell auf die Eigenart des betreffenden Pferdes abgestimmt anwenden. Der Beginn einer Arbeit entscheidet letztendlich auch über deren Erfolg. Beim Heranführen des Pferdes an den Arbeitsplatz können grundlegende Fehler begangen werden, deren Auswirkungen sich manchmal erst im späteren Verlauf zeigen. Hast und Unruhe, unvorbereitete Arbeitsplätze, vergessene Arbeitsmittel, die erst herbeigeschafft werden müssen, und dergleichen beeinflussen das Arbeitsklima.

Ein gewissenhafter Longenführer wird daher vor Beginn der Arbeit Vollständigkeit der Ausrüstung und einwandfreie Beschaffenheit des Longierplatzes überprüfen.

Zum Heranführen des Pferdes an den Longierplatz dürfen

Ausbindezügel nicht am Trensenring befestigt werden; das Pferd könnte sich während des Führens daran stoßen, und es käme zu Unglücksfällen.

Die am Longiergurt, notfalls am Sattelgurt angeschnallten Ausbindezügel sollten mit den Enden festgehakt oder miteinander verbunden bleiben. So können sie nicht an der Seite des Pferdes herunterhängen, diesem an den Leib schlagen oder an Türklinken und anderen Gegenständen festhaken.

Ist die Longe am Kappzaum oder an der Trense befestigt, kann sie zum Führen des Pferdes genutzt werden. Da das Pferd mit der rechten Hand geführt wird, befindet sich die mitgeführte Longierpeitsche mit der Spitze nach hinten zusammen mit der Peitschenschnur in der linken Hand.

Um die zur Arbeit notwendigen Verrichtungen ausführen zu können, muß auf dem Longierplatz eine Stelle gewählt werden, an der das Pferd absolut ruhig stehen und der Longenführer unbehindert von beiden Seiten an das Pferd herangehen kann. In der Regel ist das die Mitte des Longierzirkels.

Die Longe und die Peitsche bleiben immer in der Hand bzw. unter dem Oberarm des Longenführers. Niemals sollte ein Pferd, auch wenn der Mensch noch soviel Vertrauen zu ihm hat, frei stehen. Vorbeugen ist immer besser, als später oft unreparable Schäden bereuen zu müssen. Wichtig ist auch unbedingt das ruhige Stehen des Pferdes. Bei Schwierigkeiten in dieser Beziehung sollte ein Gehilfe gebeten werden, das Pferd zu halten, damit die notwendigen Vorbereitungen zum Longieren in Ruhe durchgeführt werden können. Auf jeden Fall muß der Longenführer vermeiden, durch grobe Einwirkungen wie Reißen an der Longe oder Schlagen das Vertrauen des Pferdes zu stören.

Zur letzten Vorbereitung des Pferdes zum Longieren auf dem Arbeitsplatz gehört die nochmalige Kontrolle der Ausrüstung, das Nachgurten des Sattels und Longiergurtes sowie das Ausbinden.

Zur Technik des Ausbindens gehört, daß sich der Longenführer von vornherein über den Zweck seiner Arbeit im klaren ist und die Ausbindezügel entsprechend anlegt.

Als Grundsatz kann gelten, daß in der Lösungsphase auch beim longiergeübten Pferd der Ausbindezügel etwas länger als in der Arbeitsphase geschnallt wird. Während der Arbeit kann beim älteren Pferd, bei dem es um Sicherstellung der Anlehnung und Förderung der Durchlässigkeit geht, vom kürzeren zum längeren Ausbindezügel geschnallt werden.
Pferde, die in ihrem Ausbildungsstand noch nicht genügend gefestigt sind, werden vom längeren Ausbindezügel allmählich an den kürzeren gewöhnt.
Verkürzen des inneren bzw. Verlängern des äußeren Ausbindezügels zur Erreichung einer "Stellung" sollte erst dann geschehen, wenn das Pferd beim Longieren mit gleichlangen Ausbindezügeln soweit gymnastiziert wurde, daß Erstanfänge von Versammlung, also Lastaufnahme des Gewichts durch Beugung der Hanken, erreicht wurde.

Wird dem Pferd zu früh "Stellung" gegeben, würde es wegen Gleichgewichtsstörungen eine schiefe Körperhaltung einnehmen. Es tritt betont mit dem äußeren Vorderfuß auf, legt seinen Schwerpunkt in Richtung äußere Schulter und spurt mit den Hinterfüßen außerhalb der Spur der Vorderhufe.

Soll das Pferd länger als etwa 2 bis 3 Minuten an der Longe im Schritt gearbeitet werden, müssen die für den Trab und Galopp passenden Ausbindezügel unbedingt verlängert werden. Zweckmäßig ist es daher, schon von vornherein ein zweites Paar mit entsprechender Länge am Longiergurt zu befestigen, so daß bei Gangartwechsel zum Schritt nur umgehakt zu werden braucht. Während der Trab- und Galopparbeit sollten die "Schrittausbinder" so am Gurt oder Sattel befestigt sein, daß sie nicht stören. Die Befestigung der Longe am Trensenring erfolgt je nach Ausbindeart so, daß ein Verdrehen des Gebisses im Pferdemaul vermieden wird. Bei höherer Ausbindung befindet sich die Longe unterhalb der Zügel am Trensenring, bei tiefer Ausbindung oberhalb der Zügel.

Sind diese Vorbereitungen abgeschlossen, kann die Longenarbeit beginnen.

Der Anfang der Longenarbeit erfolgt zweckmäßigerweise auf der Hand, die dem Pferd am leichtesten fällt. In der Regel ist das bei den meisten Pferden linksherum.

In diesem Fall hält der Ausbilder die Longe zum Abwickeln geordnet in der linken Hand, die Peitsche in der rechten Hand. Der Longenführer steht etwa in Schulterhöhe des Pferdes und veranlaßt dieses durch leichten Zug der Longe, treibende Stimmenhilfe sowie leichtes Anheben der Peitschenspitze anzutreten. Es ist wichtig, daß die Longe dabei nur langsam verlängert wird. Auf diese Art hat der Longenführer die Möglichkeit, das Pferd kontrolliert im Schritt angehen zu lassen. Niemals sollte es dem Pferd gestattet werden, wegzustürmen oder im Trabe die Arbeit zu beginnen. Andererseits muß auch vermieden werden, das linke Vorderbein des Pferdes kurz auf der Stelle herumzuziehen, denn das Fesselgelenk des Pferdes ist gegen seitliche Drehungen empfindlich. Der Grund mancher Lahmheit ist hier zu finden. Nach etwa zwei Zirkelrunden sollte der gewünschte Longierhufschlag mit einem Durchmesser von ca. 12 - 14 m erreicht sein. Zum Hinweis auf diesen Weg benutzt der Longenführer die etwas erhobene linke Hand und die Peitschenspitze, die je nach Bedarf treibend zur Hinterhand des Pferdes oder hinausweisend in Richtung Schulter zeigt.

Da sich die Länge der Ausbindezügel in der Regel nach der Trabarbeit richtet, sollte das Pferd nun nicht mehr länger im Schritt gehen. Zum Antraben erfolgt die Aufforderung mit der Stimme und durch Erheben der Peitsche. Folgt das Pferd den Aufforderungen nur zögernd, kann mit der Peitsche verstärkt getrieben werden. Der geübte Ausbilder versteht es, in dem Moment mit der Peitschenschnur das innere Hinterbein etwas oberhalb des Sprunggelenkhökkers zu berühren, wenn dieses als Standbein den Boden berührt; ein Ausweichen der Hinterhand wird so vermieden. Die Peitschenberührung muß immer von einer energisch und scharf betonenden Stimme begleitet sein, um das Pferd an den Gehorsam zu gewöhnen. Im Moment des Antrabens und bereits kurz vorher hält die Longenhand etwas mehr Anlehnung und gibt so dem Pferd eine leichte Stellung.

Ist der Trabtakt geregelt, wird die Longenhand sofort wieder leicht, ohne dabei die Anlehnung zum Pferdemaul aufzugeben.

Gleichgültig, welches Arbeitsziel gesetzt wurde, sollte diese erste Trabarbeit zunächst etwa 5 Minuten lang durchgeführt werden, um die Losgelassenheit des Pferdes zu erreichen und evtl. Stallmut abklingen zu lassen.

Die Hilfen beim Übergang vom Trab zum Schritt müssen deutlich und konsequent gegeben werden.

Vorwiegend ist es die Stimmenhilfe, die in beruhigendem Ton - evtl. durch leichtes Schütteln der Longe (Wellenbewegung) - unterstützt und das Pferd zum Durchparieren auffordert. Werden diese Hilfen nicht prompt akzeptiert, muß der Longenführer durch mehrmaliges kurzes Annehmen und sofortiges Wieder-Nachgeben der Longe den Gehorsam sicherstellen. Längeres, in der Regel bis zum Wegstürmen gesteigertes Laufen ist für das Pferd auf dem engen Kreisbogen des Zirkels schädlich.

Die beste Wirkung erzielt der stärkere kurze Longenanzug, wenn er in dem Moment erfolgt, in dem das innere Vorderbein erhoben, also in der Schwebe ist. Beim Auftritt auf den Boden muß sofort das Nachgeben der Longe erfolgen. Die Peitschenspitze bleibt gesenkt oder verhindert ggf. durch Hinweis auf die Schulter ein Hereinlaufen des Pferdes in die Zirkelmitte während des Durchparierens oder beim nachfolgenden Schritt.

Sollte es erforderlich sein, muß der Ausbindezügel kontrolliert und entsprechend neu verschnallt werden. Eine Schrittarbeit am Ausbindezügel ist möglichst zu vermeiden. Nach der kurzen Schrittpause ist es angebracht, noch auf der linken Hand zu verbleiben und das Pferd galoppieren zu lassen. Je nach Ausbildungsstand kann dieses aus dem Schritt, hier durch Stimmenzuruf und entsprechende

Peitschenhilfe, oder aber aus dem Trabe erfolgen. Letzteres fällt den meisten Pferden leichter und hat auch mehr gymnastizierenden Wert. Um den Galopp aus einem taktmäßigen Arbeitstrab und nicht durch ein immer schneller werdendes Tempo zu erzielen, muß der Ausbilder mit der Longe ausreichend Anlehnung zum Pferdemaul halten. Erst wenn der erste Galoppsprung erfolgt, wird aus dem Handgelenk wieder entsprechend nachgegeben. Für diese Arbeit ist die kontrollierte Peitschen- und Stimmenhilfe, die das Pferd nicht erregt, von großem Wert. Auch die Galopparbeit sollte so lange durchgehalten werden, bis Takt und geregelte Atmung des Pferdes erreicht sind.

In der dann nachfolgenden Schrittpause sollte ein Handwechsel vorgenommen werden. Dazu veranlaßt der Longenführer das Pferd, auf dem Hufschlag anzuhalten. Gelingt dieses nicht durch Stimmen- und Longenhilfe bei gesenkter Peitschenspitze, geht der Longenführer unter Verkürzung der Longe und mit den vorbeschriebenen Wellenbewegungen als "Parade" möglichst von vorne auf das Pferd zu. Es ist zu erreichen, daß das Pferd auf dem Hufschlag anhält und keinesfalls in die Mitte des Longierzirkels hereinkommt. Vergißt der Longenführer nicht, das am Hufschlag haltende Pferd entsprechend zu belohnen und zu loben, wird das Kommando sehr bald befolgt. Nach erfolgter Korrektur der Ausbindezügel tritt der Ausbilder auf die andere Seite des Pferdes. Wenn die Longe am Trensenring und nicht am mittleren Ring des Kappzaumes befestigt wurde, muß sie jedoch zunächst umgeschnallt werden. Die Longe wird nun ordnungsgemäß aufgenommen. Mit am Pferdemaul kurzgefaßter Longe und leichter Berührung mit der Peitsche oberhalb des Sprunggelenkhöckers wird das Pferd veranlaßt, wie bei einer Vorhandwendung Schritt für Schritt umzudrehen.

Auf der neuen Hand läßt der Longenführer das Pferd dann wieder im Schritt angehen. Er selber geht vorwärts/seitwärts zu seinem Platz im Mittelpunkt des Zirkels. Das Pferd behält er dabei ständig im Auge und paßt auf, daß mit rechtzeitig einwirkender Peitsche und der leicht anstehenden, nach vorne wirkenden Longe das Pferd nicht plötzlich kehrtmacht. Auch bei älteren Pferden ist diese Angewohnheit vorhanden, da sie sich gerne der Arbeit auf der rechten Hand entziehen.

Erst wenn auch auf der neuen Hand das Gleichmaß des Taktes in allen Gangarten geregelt ist, sollte mit versammelnder Arbeit begonnen werden.

Je nach Ausbildungsstand und Bedarf können hierzu die Ausbindezügel etwas verkürzt und ggf. auch am Gurt höhergeschnallt werden.

Mit der weiterführenden Longenarbeit strebt der Ausbilder nunmehr eine größere Belastung der Hinterhand des Pferdes an. Die Hanken (Hüft- und Kniegelenk) beugen sich vermehrt und zeigen beim Auftritt der Hufe auf den Boden zunehmende Federkraft.

Durch vorsichtige Einwirkung mit der Longe und gezielten Peitscheneinsatz wird Verkürzung des Gangmaßes bei vollem Erhalt von Fleiß und Frische erreicht.
Selbstverständlich wird auch die Stimme hierbei ihre Aufgabe haben, jedoch sollte sie in diesem Ausbildungsabschnitt mehr der leichten Unterstützung von Longe und Peitsche dienen und nicht vorrangig wirken.

Dem Verkürzen des Gangmaßes muß nach entsprechender Zeit - im Anfangsstadium etwa nach 2 - 3 Zirkelrunden - ein deutliches Verstärken erfolgen, um dann wieder neue Versammlung zu fordern.

Zunächst erfolgt die versammelnde Arbeit im Trabe, später auch im Galopp und sehr fördernd im weiteren Verlauf der Ausbildung im häufigen Wechsel zwischen diesen Gangarten. Die Gangart Schritt dient mit entsprechender Verlängerung der Ausbindezügel nur kurzen Erholungsphasen.

Bei weit fortgeschrittener Gymnastizierung des Pferdes kann die Anforderung der Versammlung durch Verkleinern des Zirkeldurchmessers auf etwa 10 m erhöht werden, muß aber zum Übergang in die mittleren und stärkeren Gangarten wieder erweitert werden.

Nach etwa 5- bis 10minütiger Arbeit ist Handwechsel angebracht. Insgesamt sollte die Longenarbeit nicht länger als etwa 30 - 40 Minuten in Anspruch nehmen.

Zum Beenden der Longenarbeit: nach abschließender Schrittpause, bei der der Ausbindezügel immer entsprechend verlängert oder ganz entfernt werden sollte, läßt der Longenführer das Pferd wieder am Hufschlag anhalten und geht, die Longe aufwickelnd, auf das Pferd zu. Die Peitsche wird unter den linken Oberarm geklemmt, um die Hände für das Abschnallen der Ausbindezügel und die weiteren Vorbereitungen, wie z.B. Erweitern des Nasenriemens, Nachlassen des Longiergurtes usw., freizuhaben. Niemals sollte der Longenführer versäumen, nach getaner Arbeit das Pferd zu loben. Das Verlassen des Arbeitsplatzes erfolgt dann in gleicher Weise wie das vorherige Hinführen zum Longierplatz.

4.2. Das Anlongieren des jungen Pferdes

Der Ernst des Arbeitslebens beginnt für das junge Pferd in der Regel an der Longe.

Art und Weise dieses ersten Vertrautmachens mit Sattel, Zaum und im weiteren Verlauf mit dem Gewicht des Reiters kann entscheidend sein für den späteren Gebrauchswert des Pferdes.

Es sollte selbstverständlich sein, daß sich nur Menschen dieser wichtigen Ausbildungsphase im Pferdeleben annehmen, die den Umgang mit der Longe erlernt und ausreichend Erfahrung im Longieren älterer Pferde gesammelt haben.

Langjährige Erfahrung in Zucht, Aufzucht und Haltung haben einen Pferdetyp entwickelt, der sich im Gegensatz zu den Erfahrungen vergangener Zeiten, von ganz wenigen

Ausnahmen abgesehen, problemlos in den Dienst des Menschen stellen läßt. Longiertechniken und Arbeitsmethoden müssen daher neu überdacht und den jetzigen Verhältnissen angepaßt werden.

Unterschiedliche örtliche Gegebenheiten werden die Vorgehensweise des Anlongierens bestimmen. Die nachstehenden Hinweise sollten daher entsprechend angepaßt werden.

In der Regel sind es folgende Arbeitsschritte, die den Ablauf der ersten Ausbildung ergeben:

– **Vertrautmachen mit der Umgebung**
  Zweckmäßigerweise geschieht dieses, wenn nur irgend möglich, durch Freilaufen in der Reithalle oder auf dem Reitplatz, wenn dieser umzäunt ist.

– **Vertrautmachen mit den notwendigsten Ausrüstungsteilen**
  Die Gewöhnung an Trense und Sattel sollte möglichst früh erfolgen, wenn die ersten Spannungen des Pferdes durch Freilaufen beseitigt sind. Je ruhiger und umsichtiger hierbei vorgegangen wird, um so schneller gewöhnt sich das Pferd an die Ausrüstung. Um Zwischenfällen vorzubeugen, sollte beim ersten Satteln des jungen Pferdes ein Gehilfe zur Verfügung stehen.

Erst wenn das Pferd sich ohne große Spannungen mit der zunächst ungewohnten Ausrüstung an der Hand führen läßt - selbstverständlich nur am Führzügel bzw. an einer kurz gefaßten Longe -, sollte mit dem Anlongieren begonnen werden. Das in der Praxis oft geübte "Abbocken" führt sehr leicht zu Verstauchungen der Beine und zu Verletzungen.

Die für die ruhige Gewöhnung aufgewandte Zeit wird sich im späteren Verlauf der Arbeit doppelt bezahlt machen.

Für das Anlongieren besteht die Ausrüstung des Pferdes aus:

– einer dicken Trense mit Reithalfter, die Zügel sind zunächst herausgeschnallt

– einem Kappzaum, ersatzweise einem eng anliegenden Stallhalfter zum Befestigen der Longe
– einem Sattel, dessen Steigbügel herausgenommen werden; ein über den Sattel geschnallter Gurt verhindert das Flattern der Sattelblätter
– Bandagen oder Gamaschen, zumindest an den Vorderbeinen, schützen vor Verletzungen; bei mit Hufeisen versehenen Hinterhufen muß auch das Hinterbein durch Gamaschen oder Bandagen geschützt werden

Da das junge Pferd bei den ersten Longenübungen nicht ausgebunden wird, ist dem ordnungsgemäßen Longierplatz die größte Aufmerksamkeit zuzuwenden. Die Beschaffenheit eines Longierplatzes ist in vorstehenden Kapiteln erläutert. Es kann aber nicht häufig genug darauf hingewiesen werden, daß die ausreichende äußere Begrenzung des Longierplatzes, besonders bei den ersten Übungen, von größter Wichtigkeit ist. Diese kann unter den einfachsten Bedingungen ohne große Mühe an jedem Ort hergestellt werden.

Für das Anlongieren sind nachstehende Vorgehensweisen empfehlenswert:

Steht ein Gehilfe zur Verfügung, führt dieser mit einem separaten Führzügel das junge Pferd auf den Zirkelhufschlag, wobei er selber hinter der Longe geht. Die Longe wird von dem Gehilfen nicht angefaßt. Der Longenführer geht zunächst in einiger Entfernung vom Pferd auf dem Kreisbogen mit, ehe er seinen Standpunkt in der Mitte des Zirkels einnimmt. Die longenführende Hand bleibt in Richtung vor dem Pferdekopf. Die Peitsche sorgt für flüssiges Vorwärtsgehen, zunächst nur in der Gangart Schritt; das Pferd sollte jedoch nicht erregt werden.

Bewegt sich das Pferd nach einiger Zeit gelassen auf der Zirkellinie, kann der Gehilfe langsam seitwärts an der Longe entlang zum Longenführer im Mittelpunkt gehen. Sein Platz ist dann hinter dem Longenführer, ohne diesen in seiner Peitschenführung zu behindern. Jetzt wäre auch der Zeitpunkt gekommen, das Pferd durch sparsame Hilfen, vorwiegend durch die Stimme, antraben zu lassen. Zunächst kommt es nur darauf an, eine flüssige, aber ruhige Vorwärtsbewegung auf dem Zirkelhufschlag entlang der äußeren Begrenzung zu erzielen. Die Longe steht bei dieser Arbeit nur leicht an.

Es schadet auch nicht, wenn sie gelegentlich ohne Bodenberührung im leichten Bogen herunterhängt. Drängt das Pferd zur Zirkelmitte, weist der Longenführer es durch die Peitsche in Richtung Schulter heraus.

Wird die Arbeit nach etwa 15 Minuten vom Pferd zur Zufriedenheit des Longenführers ausgeführt, kann Handwechsel vorgenommen werden. Auch hierbei wird der Gehilfe das Pferd zunächst wieder führen.

Insgesamt sollte die erste Arbeit an der Longe nicht über 30 Minuten ausgedehnt werden.

Das Arbeitsziel ist erreicht, wenn das Pferd ohne Spannungen im Schritt und im Trabe auf beiden Händen auf dem Zirkelhufschlag entlanggeht. Steht dem Longenführer kein Gehilfe zur Verfügung, führt er das Pferd, das er mit der rechten Hand hält, auf der Zirkellinie und entfernt sich allmählich. Die aufgewickelte Longe und die Peitsche mit der Spitze nach hinten hält er zunächst in der linken Hand, wechselt jedoch dann die Peitsche in die rechte Hand. Es kommt in dieser ersten Phase des Longierens zunächst darauf an, dem Pferd Vertrauen zur Arbeit zu geben und es ruhig auf der angewiesenen Zirkellinie gehen zu lassen. Um auch die spätere Longenarbeit erfolgreich durchführen zu können, muß ebenso der Gehorsam bezüglich der Hilfen gewährleistet sein.

Es ist anzuraten, in den ersten Tagen nur in einem ruhigen Trabtempo ohne Rücksicht auf Schwung und Raumgriff zu arbeiten. Bietet das Pferd von sich aus den Galopp an, kann man es gewähren lassen, solange man diesen unter Kontrolle halten kann. Wegstürmen sollte rechtzeitig unterbunden werden, denn die Gefahr des Hinfallens und der Beinverletzungen wäre zu groß. Notfalls muß der Longenführer durch Kürzerfassen der Longe und Zugehen auf das Pferd mit energischen Hilfen dieses wieder unter seine Kontrolle bringen.

Die Hilfengebung muß in dieser ersten Ausbildungsphase sehr konsequent durchgeführt werden. Zum Antraben gibt der Longenführer mit der Stimme kurz und entsprechend energisch die Anweisung, sogleich wird aber auch die Peitschenspitze erhoben und die Longe durch eine Drehung der Hand vorwärts weisend leicht angenommen. Ebenso werden alle Hilfen zum Durchparieren eingesetzt. Die Peitsche wird deutlich gesenkt, ohne die Richtung zur Hinterhand des Pferdes zu verändern.

Die Stimme des Longenführers fordert das Pferd durch langgezogene beruhigende Worte zum Verlangsamen des Tempos und der Gangart auf. Die Longe wird im Moment des Erhebens des inneren Vorderbeines angenommen und beim Aufsetzen des Hufes wieder entspannt. Werden die Hilfen vom Pferd nicht in angemessener Zeit befolgt, sollte der Longenführer diese sofort deutlich stärker einsetzen. Dauernde erfolglose Versuche mit leichten Hilfen bestärken das Pferd lediglich in dem Bewußtsein seiner Überlegenheit dem Menschen gegenüber und erschweren die spätere Zusammenarbeit. Der Longenführer darf andererseits bei williger Ausführung seiner Anforderungen nicht mit Lob sparen.

Die Eingewöhnungsperiode sollte nicht zu lang ausgedehnt werden. Im Normalfall genügen 3 - 4 Tage, nach denen dann die allmähliche Gewöhnung an Ausbindezügel erfolgen kann. Zu langes Longieren ohne Anlehnung an beidseitige Ausbindezügel läßt die Pferde auf die äußere Schulter kommen, ergibt keinen Nutzen der Gymnastizierung und kann nur als verschleißförderndes Bewegen der Pferde angesehen werden.

Wenn das Pferd anfängt, durch Fallenlassen des Halses die Anlehnung zu suchen, muß es auch Gelegenheit haben, diese Anlehnung zu finden. Die auf weitgehend anatomischen Kenntnissen des Skelett- und Muskelapparates des Pferdes basierende Beobachtungsgabe des Longenführers muß ihm den rechten Zeitpunkt, die richtige Länge und die zweckmäßige Höhe der Anbringung der Ausbindezügel weisen.

Es muß beachtet werden, daß die natürliche Haltung des Pferdes in der Bewegung nicht gestört wird. Bei maximaler Dehnung der Rücken- und Halsmuskulatur soll am äußeren Ausbindezügel eine deutliche Anlehnung gegeben sein. Für die erforderliche Stellung zur Innenseite des Zirkels sorgt der Ausbilder mit der Longe, ohne die leichte Anlehnung am inneren Ausbindezügel zu stören. Beide Ausbindezügel werden gleichlang geschnallt. Niemals darf die Stirn-/Nasenlinie des Pferdes hinter die Senkrechte kommen.

Eine zu tiefe Einstellung, bei der das Pferdemaul weit unter der Linie der Höhe des Ellbogenhöckers steht, wirkt sich durch Überlastung der Vorhand und Blockierung der Beugefähigkeit der Hinterhandgelenke schädlich aus. Das junge Pferd wird so zum "Schenkelgänger" erzogen.

Der Longenführer sollte dieser übermäßigen Tiefstellung nicht durch Höherschnallen der Ausbindezügel begegnen, sondern diese am Longiergurt in der gewünschten Höhe zwischen Buggelenk und Ellbogenhöcker anbringen und durch entsprechende treibende Einwirkung die Kopf-/Halshaltung regulieren. Ein häufig zu beobachtender Fehler ist hierbei die Wahl eines zu schnellen Tempos. Das "Vorwärts" darf sich nicht in Schnelligkeit äußern, sondern im Fleiß der an den Schwerpunkt herantretenden Hinterbeine. Neben der entsprechenden treibenden Einwirkung muß der Longenführer daher auch schon in diesem Anfangsstadium durch halbe Paraden mit der Longe im günstigen Augenblick, nämlich beim Erheben des inneren Vorderbeines, zu starke Schubkraftentwicklung abfangen.

Zweckmäßig und für das Pferd am leichtesten verständlich ist hierbei die Anbringung der Longe am Kappzaum und die Wirkung auf das Nasenbein. Bei fortschreitender Arbeit und handwerklicher Fertigkeit des Ausbilders wird jedoch kein Nachteil entstehen, wenn die Longe zunächst noch in Verbindung mit dem Reithalfter am inneren Trensenring befestigt wird. Der äußere Ausbindezügel gibt dem Gewicht der Longe auch bei entsprechenden Anzügen Ge-

genhalt, insbesondere, wenn der Longierplatz, wie schon mehrfach gefordert, die entsprechende Begrenzung hat.

Bei zu hoher Einstellung des Pferdes, in der Regel mit weggedrückter und untätiger Rückenmuskulatur verbunden, darf nicht der Fehler gemacht werden, durch Tieferschnallen des Ausbindezügels oder Einschnallung zwischen den Vorderbeinen hindurch die tiefe Anlehnung zu erzwingen. Die Verspannung der Rückenmuskulatur kann auf diese Weise nicht beseitigt werden.

Hier empfiehlt sich die mittelhohe Befestigung der Ausbinder am Gurt und das Longieren in einem leicht untertourigen, fast etwas faulen Tempo, bis das Pferd den Hals fallen läßt. Erst dann setzt mit vermehrt treibender Einwirkung und angemessener fleißigerer Bewegung die Sicherstellung der Anlehnung in der gewünschten "Tiefe" ein.

Der doppelte Ausbindezügel (Laufferzügel) ist für die Gewöhnung des jungen Pferdes an die Anlehnung der zweckmäßigste. An ihm können die Trensenringe entlanggleiten, ohne bei tieferer Einstellung rückwärts zu wirken, wie es bei dem einfachen Ausbindezügel der Fall sein kann. Vor der falschen Wirkung der eingenähten Gummiringe wurde in den vorangehenden Kapiteln schon gewarnt.

Der Aufsatzzügel oder das Einschnallen der Longe am äußeren Trensenring und die Führung über das Genick des Pferdes als aufrichtendes Mittel sind in diesem Ausbildungsstand völlig fehl am Platze. Sie verhindern das Finden der richtigen Anlehnung und blockieren die Tätigkeit der Rückenmuskulatur.

Bei normalem Verlauf dieser Arbeit wird das junge Pferd innerhalb der ersten 4 - 6 Wochen auch mit dem Gewicht eines leichten Reiters vertraut gemacht werden, ohne die etwa 2 - 3 Monate dauernde Gymnastizierung an der Longe zu unterbrechen.

Der Fortschritt der richtigen gymnastizierenden Longenarbeit macht sich bei einem jungen Pferd durch zunehmende Muskulatur der Hinterhand (Hosen) und durch Formung der oberen Halsmukulatur bemerkbar. Als positiv ist jedoch weiterhin der taktreine, losgelassene, kraftvolle Bewegungsablauf zu bewerten. Die nun einsetzende verstärkte Ausbildung unter dem Reiter wird den Gebrauch der Longe reduzieren.

4.3. Longenarbeit mit Pferden im fortgeschrittenen Ausbildungsstand

Dem höheren Ausbildungsstand des Pferdes entsprechend, dienen die vorstehend aufgezeigten Arbeitsweisen der Erreichung bzw. der Verbesserung der Versammlung. Voraussetzung zum Erreichen dieses Zieles ist, daß der Longenführer seinen Blick geschult hat. Aufgrund seiner Exterieurkenntnisse über das betreffende Pferd muß er erkennen können, welcher Versammlungsgrad der Beugefähigkeit der Hanken angemessen und erreichbar ist. Jede Überforderung, jede falsche Anforderung bei der Arbeit wird sehr schnell den Widerstand des Pferdes herausfordern und auch zu körperlichen Schäden führen.

Richtig angewandt können einige zusätzliche Ausrüstungsgegenstände die Arbeit unterstützen.

Der **Aufsatzzügel** sollte immer in Verbindung mit einem entsprechend ausgerüsteten Kappzaum verwandt werden. Zum Schutz gegen den Druck der Aufsatzzügel am Pferdekopf sind Lederscheiben am Kopfstück des Kappzaumes angenäht. Die Ringe, durch die der Aufsatzzügel läuft, sollten möglichst kurz befestigt sein. Lange Befestigungsriemen verfehlen den angestrebten Aufrichtungseffekt und könnten an den Augen scheuern.

Die Anwendung des Aufsatzzügels sowie aller nachstehend aufgeführten Techniken zum Aufrichten des Pferdekopfes müssen immer von der Voraussetzung ausgehen, daß die Tätigkeit des Rückenmuskels nicht blockiert werden darf. Die Wirkung besteht nicht darin, "aktiv" aufzurichten, sondern die Höhe der Kopfhaltung nach unten zu begrenzen.

Ohne entsprechende Hilfen durch den Longenführer auf die Tätigkeit der Hinterhand bleiben die Hilfsmittel zur Aufrichtung nutzlos.

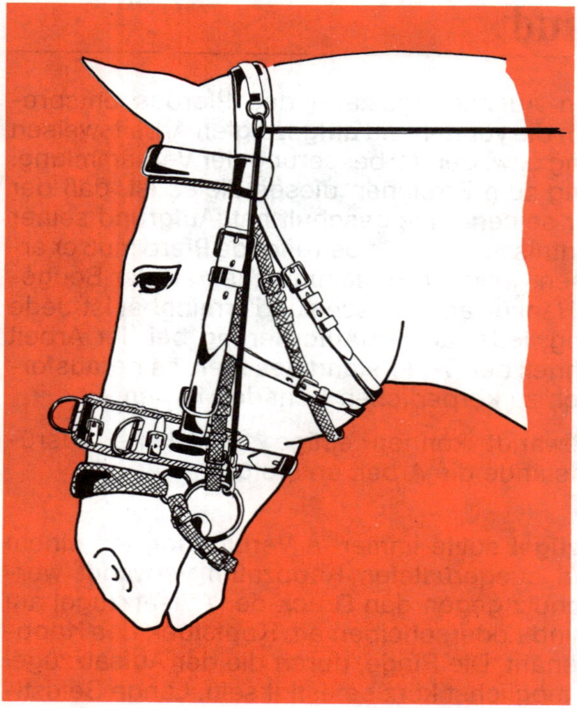

Anbringung des Aufsatzzügels

Beim Fehlen eines korrekten Aufsatzzügels kann die **Kopflonge** nur dann zweckmäßig verwandt werden, wenn der Ausbilder eine gefühlvoll nachgebende Hand besitzt. Ist dieses nicht der Fall, kommt es unweigerlich zur aktiven Aufrichtung, die im Laufe der Arbeit die Rückentätigkeit unterbindet und das Pferd zum "Schenkelgänger" werden läßt.

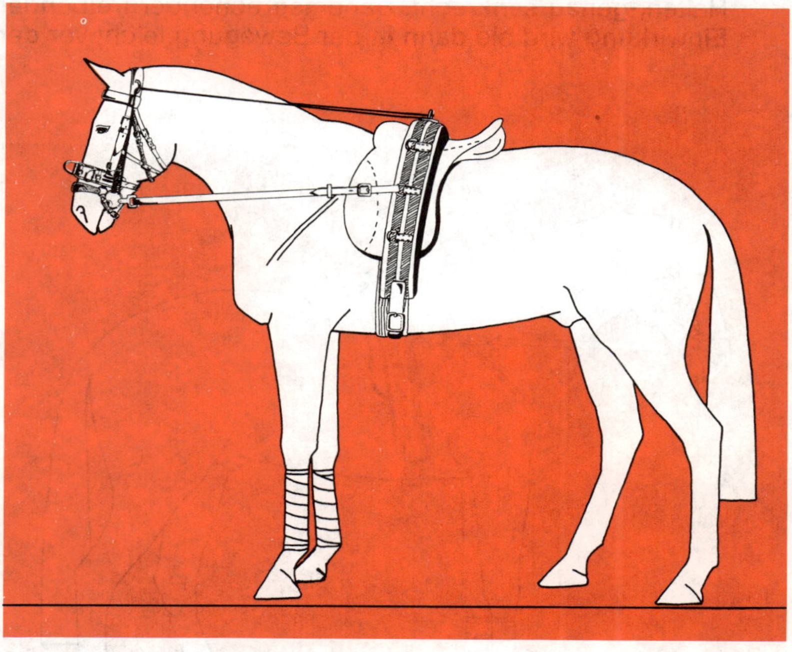

Zur Longenarbeit mit Aufsatzzügel ausgerüstetes Pferd

Die **Anwendung der gleitenden Longe** unterliegt denselben Kriterien.

Ohne Gebrauch dieser technischen Hilfsmittel kann der Longenführer durch die Wahl der entsprechenden Gangarten, der Übergänge von einer in die andere Gangart und durch kurzzeitiges Verkleinern des Zirkeldurchmessers gymnastizierend und versammlungsfördernd arbeiten.

Als zweckmäßiger Ausbindezügel ist für diese Arbeit der höhergeschnallte einfache Ausbindezügel zu empfehlen. Das Pferdemaul steht etwa auf der Höhe des Hüftgelenkes, die Stirn-Nasenlinie beim Anlegen der Ausbinder, also im Halten, genau senkrecht. Bei entsprechender treibender Einwirkung wird sie dann in der Bewegung leicht vor der

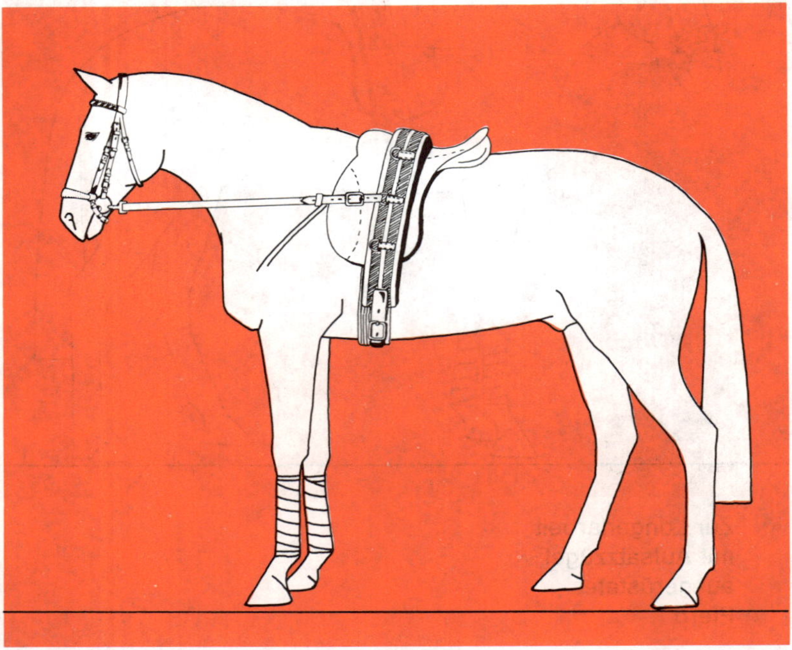

Der einfache Ausbindezügel stellt das Pferdemaul etwa in Hüfthöhe

Senkrechten sein. Das Genick blidet den höchsten Punkt.

Durch Stimmenhilfe und gelegentliche Berührung mit der Spitze der Peitschenschnur am Fesselkopf der Hinterbeine im Moment des Abfußens sorgt der Longenführer für den Fleiß der Bewegung. Gleichzeitig mindert er mit halben Paraden an der Longe den Vorwärtsdrang. Verkürzen und nachfolgendes Verlängern der Longe variiert den Zirkeldurchmesser. Beim verkleinerten Zirkel kann mit der zwischen Sitzbeinspitze und Sprunggelenk angelegten Peit-

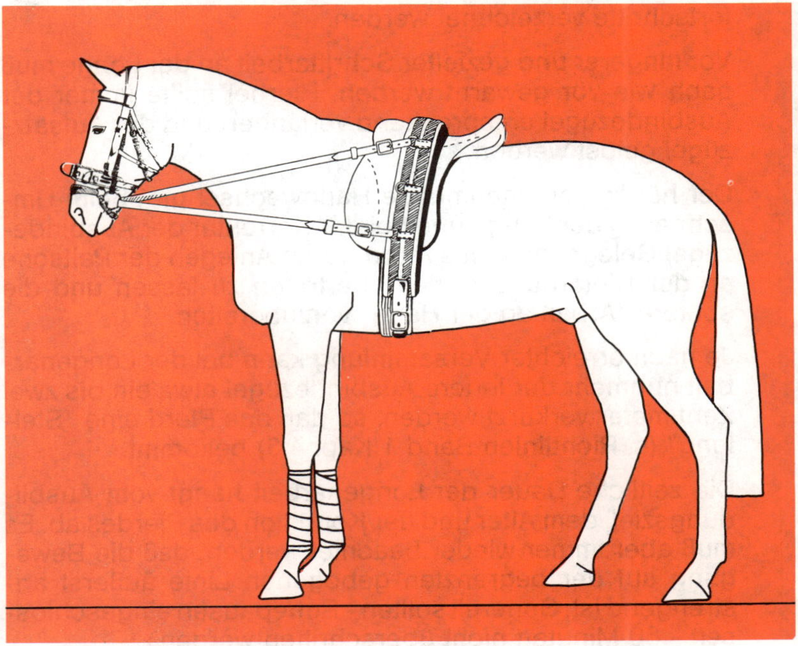

Der Laufferzügel gibt verschiedene Variationen in der Einstellung

sche ein leichtes Übertreten des inneren Hinterfußes erzeugt werden. Allerdings sollte dieses nicht länger als ein bis zwei Zirkelrunden in einem abgekürzten Trab- oder Galopptempo geschehen.

Beim nachfolgenden Vergrößern des Zirkeldurchmessers sollte der Longenführer niemals versäumen, die Tritte oder Sprünge des Pferdes sogleich etwas verlängern zu lassen.

Der Übergang von einer verkürzten zur erweiterten Gangart und wieder zurück gibt Aufschluß über den Gehorsam und die Durchlässigkeit des Pferdes. Bei entsprechend konzentrierter Hilfengebung durch den Longenführer können hierbei in relativ kurzer Zeit wesentliche Ausbildungsfortschritte verzeichnet werden.

Vor längerer und gezielter Schrittarbeit an der Longe muß nach wie vor gewarnt werden. Hierbei sollte immer der Ausbindezügel entsprechend verlängert und der Aufsatzzügel gelöst werden.

Der häufig vorzunehmende Handwechsel gibt beim Umschnallen der Longe und bei der Korrektur der Ausbindezügel Gelegenheit, das Pferd durch Anlegen der Peitsche an der Hinterhand gezielt übertreten zu lassen und die spätere "Arbeit an der Hand" vorzubereiten.

Je nach erreichter Versammlung kann bei der Longenarbeit nunmehr der innere Ausbindezügel etwa ein bis zwei Zentimeter verkürzt werden, so daß das Pferd eine "Stellung" (s. Richtlinien Band 1 Kap. 4.3) bekommt.

Die zeitliche Dauer der Longenarbeit hängt vom Ausbildungsziel, dem Alter und der Kondition des Pferdes ab. Es muß aber immer wieder beachtet werden, daß die Bewegung auf der begrenzten gebogenen Linie äußerst anstrengend ist. Generell sollten - Ruhepausen eingeschlossen - 60 Minuten nicht überschritten werden.

5. Bodenrickarbeit und Springübungen an der Longe

Bei der Ausbildung von Pferden dienen Bodenricks (Cavalettis) oder auf den Boden gelegte Stangen in der Reithalle bzw. auf dem Reitplatz dazu, die "Unebenheit des Geländes" zu simulieren. Losgelassenheit und Trittsicherheit des Pferdes werden dadurch gefördert und gefestigt. Bei der Springgymnastik an der Longe können Bodenricks oder auf den Boden gelegte Stangen als Distanzmarkierung und Absprungserleichterungen gute Dienste leisten.

Bei jungen Pferden ergeben sich vorwiegend Gleichgewichtsprobleme, die zunächst ausgeglichen sein müssen, bevor die erhöhten Anforderungen der Bodenrickarbeit an sie gestellt werden können. Auf geraden Linien wird die Balancefindung dem jungen Pferd leichter fallen als auf gebogenen Linien. Dieses trifft auch für die gebogene Longierzirkellinie zu, obwohl hierbei in der Regel das Pferd noch frei von der Belastung durch das Reitergewicht ist. Daraus ergibt sich die Schlußfolgerung, daß Bodenrickarbeit nicht am Anfang der Longenausbildung stehen sollte.

Bei longiergewohnten Pferden kann die Bodenrickarbeit die Losgelassenheit fördern, den Takt festigen und durch die vermehrte Hebung der Beine die Muskulatur kräftigen. Zielstrebig durchgeführt, wird in vereinzelten Fällen auch bei "Flachgängern" eine Verbesserung des Bewegungsausdruckes ("Kadenz") erreicht.

Zu frühes Longieren über Bodenricks, insbesondere, wenn die Zwischenräume mehrerer hintereinanderliegender Ricks nicht der Trittlänge des jeweiligen Pferdes angepaßt wurden, können Beinschäden wie z.B. Verstauchungen und Überbeine zur Folge haben.

In Longierhallen bzw. auf Longierplätzen mit abgeschlossener äußerer Umgrenzung stößt die Bodenrickarbeit auf Schwierigkeiten, da beim Aufbau der Ricks am Hufschlag kein Platz für "bodenrickfreie" Arbeit oder Pausen bleibt. Daraus ergibt sich, daß diese Arbeit an der Longe erst dann angebracht ist, wenn die Pferde in den Grundbegriffen des Longierens so weit gefördert sind, daß sie auf einer größeren Fläche ohne direkte Anlehnung an eine Begrenzung durchgeführt werden kann.

Benötigt werden mindestens drei, höchstens sechs Bodenricks (Cavalettis). Zweckmäßig ist es, die Ricks der Zirkellinie angepaßt bogenförmig in entsprechenden Abständen hintereinander zu stellen. Dadurch entstehen innerhalb der Bodenricks unterschiedliche Abstände, die es dem Longenführer erleichtern, den jeweils passenden zu wählen. An der Außenseite der Cavalettireihe weisen aufgestellte Fänge dem Pferd den Weg, während an der Innenseite unbedingt einige auf die Bodenrickkreuze gelegte Stangen das Hängenbleiben der Longe verhindern.

Soll die Bodenrickarbeit an der Longe intensiver und auch in unterschiedlichen Gangarten durchgeführt werden, empfiehlt sich das Anlegen eines Mittelzirkels ohne Benutzung der Cavalettis; dann sollte seitlich von dem Mittelzirkel jeweils ein anderer angelegt sein, auf dem mit unterschiedlichen Zwischenräumen Bodenricks für Schritt-, Trab- und Galopparbeit aufgestellt sind.

Als Richtmaß für die Zwischenräume können für den Schritt ca. 80 cm, für den Trab ca. 120 cm und für den Galopp ca. 350 cm gerechnet werden. Dadurch, daß die Ricks auf dem Bogen zur Innenseite enger- und zur Außenseite weiterstehen, kann die individuelle Schritt-, Tritt- oder Sprungweite des betreffenden Pferdes variiert werden.

An das Longieren über Bodenricks muß das Pferd behutsam gewöhnt werden. Zunächst sollte nur ein einzelnes Rick auf dem Hufschlag der Zirkellinie stehen, bis das Pferd gelernt hat, in ruhiger, aber aufmerksamer Art darüber zu treten. Anschließend ist der Aufbau von drei Ricks mit entsprechendem Zwischenraum zweckmäßig. Würden

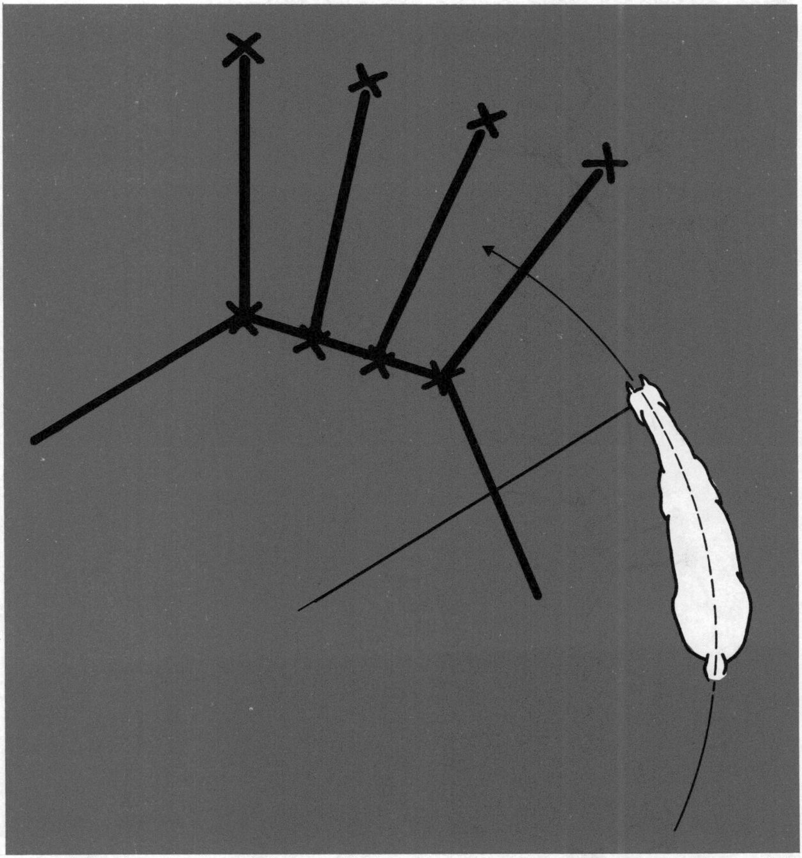

Aufbau und Abgrenzung der Bodenricks

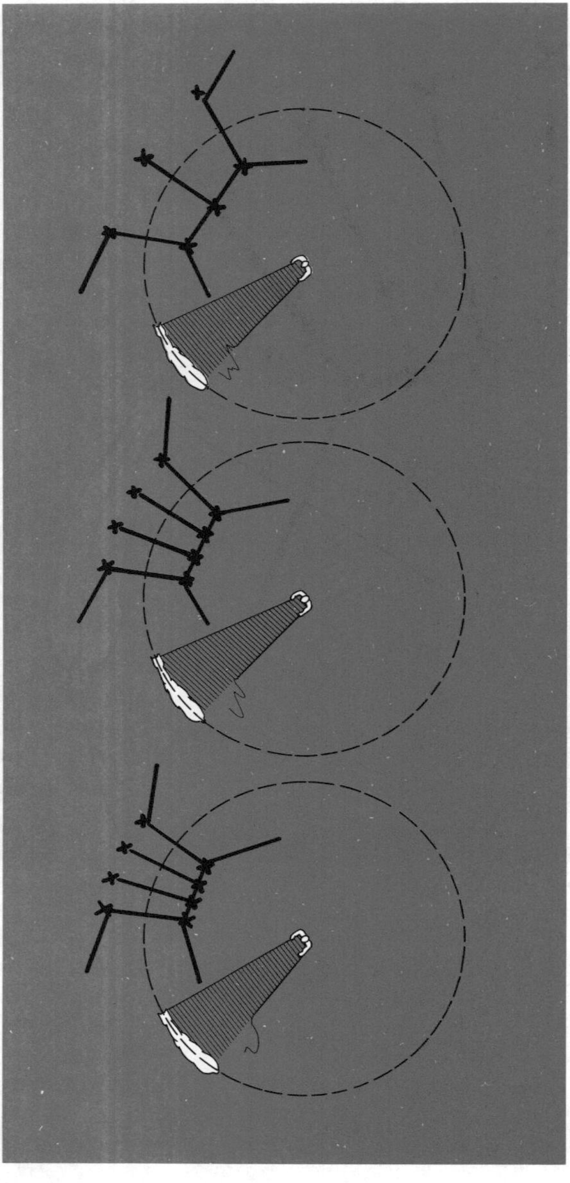

Möglichkeiten
zum Aufbau von
Cavalettis mit
verschiedenen
Zwischenräumen

lediglich zwei Cavalettis hintereinandergestellt, gewöhnten sich die Pferde sehr leicht das Herüberspringen an. Bei drei hintereinander aufgestellten Ricks ist die Aufmerksamkeit erhöht und das taktmäßige Herübertreten leichter. Erst wenn diese Arbeit zur Zufriedenheit des Longenführers ausgeführt wird, kann die Anzahl der Cavalettis auf bis zu 6 erhöht werden. Eine höhere Anzahl von Ricks löst bei den longierten Pferden eher Spannung als das gewünschte Ziel der Losgelassenheit aus. Schrittarbeit an der Longe über Bodenricks sollte zu den seltenen Ausnahmen gehören. Grundsätzlich müssen die Ausbindezügel dabei entfernt, mindestens aber wesentlich verlängert werden.

Die sinnvollste Gangart für die Bodenrickarbeit ist der Trab.

Als Ausbildungsziele können angesehen werden:

- Förderung der Konzentration auf die Arbeit
- Förderung der Losgelassenheit und Rückentätigkeit
- Förderung des Taktes, der Trittsicherheit und der Balance
- Förderung der Versammlung und des Ausdruckes der Bewegung.

Als Hinweis für die praktische Longenarbeit sollte gelten, daß am Anfang ein Hinüberführen über die Bodenricks zum Kennenlernen besser ist als ein unkontrolliertes Gegentreiben.

Die Ausbindezügel werden bei den drei ersten Ausbildungszielen etwa 2 bis 3 cm länger und etwa einen Ring tiefer am Longiergurt befestigt als bei der Arbeit an der Longe ohne Bodenrick.

Besonders wichtig ist die Wahl des richtigen Tempos. Fehlerhaft wird in der Regel ein zu schnelles Gangmaß gewählt. Dieses fördert nicht die Losgelassenheit, sondern führt häufig zu Verspannungen im Rücken. Ein zu matt gewähltes Tempo hingegen birgt die Gefahr, daß die Pferde zwischen mehreren Ricks den Takt verlieren, also einen halben Zwischentritt machen und sich leicht Verletzungen durch Auftreten auf die Bodenrickstangen zuziehen.

Der gezielte Peitscheneinsatz des Ausbilders ist bei der Bodenrickarbeit an der Longe sehr nützlich. Ganz besonders trifft dies zu, wenn als Ausbildungsziele die Förderung der Versammlung und des Ausdrucks der Bewegung (Kadenz) angestrebt werden.

Hierbei kann die gewohnte Länge der Ausbindezügel beibehalten werden, jedoch sollten diese nicht zu hoch am Gurt angebracht sein. Die Gefahr des Wegdrückens des Rückens ist stärker, wenn über höhergestellte Bodenricks longiert wird.

Die Zwischenräume der Ricks können bei dieser versammelnden Arbeit verringert werden, während sie bei der auf Losgelassenheit zielenden Arbeit eher etwas weiter aufgestellt sein können.

Die verstellbare Höhe der Bodenricks muß dem jeweiligen Ausbildungsziel angemessen sein. In der Regel wird die niedrigste Höhe (ca. 10 cm) gewählt. Um gelegentlich etwas mehr Aufmerksamkeit zu erzielen, kann bei mehreren hintereinanderliegenden Cavalettis eines oder zwei auf die mittlere Höhe (ca. 20 cm) eingestellt sein. Sehr geübte Longenführer werden bei der versammelnden Arbeit gelegentlich auch über halbhoch gestellte Bodenricks treten lassen, wobei die Höhe dann etwa 30 cm beträgt.

Hochgestellte Bodenricks bis zu einer Höhe von etwa 45 bis 50 cm sind lediglich für die Galopparbeit zweckmäßig.

Das Ausbildungsziel des Longierens über Bodenricks im Galopp liegt vorwiegend in der Gewöhnung des Taxierens und der Einteilung der Galoppsprünge zwischen mehreren Ricks. Es dient somit bei jungen Pferden als Vorstufe zu den ersten Springübungen, bei älteren Pferden ist es ein vorzügliches Mittel, um die Rückenmuskulatur in Tätigkeit zu setzen. Diese Arbeit kann ihre Fortsetzung im Führen über maximal 120 cm hohe Sprünge finden.

Grundsätzlich jedoch sollte das Springen an der Longe auf ein Mindestmaß beschränkt bleiben. Ausbindezügel können bei dieser Arbeit entfallen. Werden sie wegen der Erreichung der Rückenwölbung (Bascule) für notwendig erachtet, sind tiefgeschnallte Laufferzügel oder - speziell nur für das Springen - auch das Chambon angebracht.

Da beim Landen nach einem Sprung, auch wenn dieser keine wesentliche Höhe hat, durch den seitlichen Zug der Longe das auffußende Vorderbein im Fessel- bzw. Hufbein verdreht wird, ist die Verletzungsgefahr äußerst groß. Springübungen ohne Reiter in der Form des Freispringens in einer Reithalle oder auf einem umzäunten Platz sind ausbildungsmäßig vorteilhafter. Zum Springen an der Longe sollten nur feste Hindernisse benutzt werden. Der äußere Teil dieser Hindernisse wird durch Fänge abgegrenzt, während der innere, zum Longenführer weisende Teil eine Abgrenzung haben muß, über die die Longe ohne Widerstand gleiten kann.

Das Aufeinanderstellen mehrerer Bodenricks zu einem Hindernis ist nicht zu empfehlen. Bei einem Fehler kann trotz aufgelegter Gleitstange die Longe hängenbleiben, wodurch die fallenden Hindernisteile dem Pferd zwischen die Beine kommen können.

6. Longieren als Mittel für besondere Zwecke

Als Mittel für besondere Zwecke wird die Longe bei
– der vorbereitenden Arbeit kurz vor dem Turnierstart
– bei Sitzübungen für Reiter
– beim Voltigieren
angewandt.

Bei allen diesen Gebrauchsarten muß die korrekte Ausbildung des Pferdes an der Longe vorausgehen. Ausrüstung und Techniken des Longierens richten sich nach den jeweiligen besonderen Anforderungen.

Der Gebrauch der Longe als vorbereitendes Mittel kurz vor dem Turnierstart sollte die Ausnahme sein, denn nur selten findet der Reiter auf dem Vorbereitungsplatz des Turniers einen geeigneten Platz, auf dem er in Ruhe und ohne Gefährdung anderer Reiter sein Pferd longieren kann.

Sollten es die Umstände jedoch erfordern, daß das Pferd kurz vor dem Start an der Longe gelöst werden muß, so darf nicht ohne Rücksicht auf andere Turnierteilnehmer an beliebiger Stelle longiert werden. Geeignet sind abgelegene Ecken mit wenigstens einer Seite Begrenzung.

Da in der Regel ein Gehilfe das Longieren übernehmen muß, sollte dieser genaueste Anweisungen über die Arbeit erhalten. Ausbindeloses, wüstes "Abtraben" oder "Abgaloppieren" des Pferdes ist sinnlos und erschwert die erwünschte Losgelassenheit. Es wird also eher das Gegenteil von dem erreicht, was beabsichtigt ist. Auch beim lösenden Longieren auf dem Turnierplatz muß das Pferd entsprechend ausgebunden sein. Steht keine komplette Longierausrüstung zur Verfügung, dann genügt es, die Trensenzügel am Sattelgurt zu befestigen. Die Steigbügelriemen müssen so verknotet werden, daß sie nicht behindern.

Für den Longenführer sollte die Handhabung der Peitsche

Gewohnheit sein. Zum Mitführen auf Turnierplätze eignet sich eine zerlegbare, zusammensteckbare Behelfspeitsche.

Problemlos ist der Gebrauch der Longe bei den Sitzübungen der Reiter. Ein wesentlicher Aspekt ist hierbei die richtige Wahl des Pferdes. Je nach Zweck, ob für Gewöhnungs- und Sitzschulung in den ersten Anfängerstunden oder für Sitz- und Gefühlsschulung bei fortgeschrittenen Reitern, muß das verwendete Pferd die entsprechende charakterliche und ausbildungsmäßige Voraussetzung erfüllen.

Bei der Anfängerschulung sollte das Pferd durch an der Trense und am Sattelgurt befestigte Ausbindezügel in die für die Rückentätigkeit erforderliche Kopf-Halshaltung gebracht werden. Bei der Sitz- und Gefühlsschulung für fortgeschrittene Reiter empfiehlt es sich, das Pferd mit der besten Ausbildung einzusetzen. Der Gebrauch der Longe und der Peitsche durch den Longenführer geschieht in der gleichen Art wie bei der ausbildungsmäßigen Longenarbeit des Pferdes.

Beim Voltigieren ist der Gebrauch und die Haltung der Peitsche wegen der an das Voltigierpferd heranlaufenden Voltigierer eingeschränkt. Es ist daher erforderlich, das Pferd auf die Stimmenhilfe und auf Peitschenzeichen besonders einzuüben.

Von manchen Longenführern wird beim Voltigieren die Führung der Longe wie beim Reitzügel bevorzugt. Die Longe verläuft dann vom Pferd kommend zwischen Ringfinger und kleinem Finger und wird mit den Enden zwischen Daumen und Zeigefinger geführt.

Mit besonderer Vorsicht sollte die "Kopflonge" bei der Voltigierarbeit betrachtet werden. In der Regel wird sie von wenig geschulten Longenführern benutzt, die dem Voltigierpferd "mehr Aufrichtung" geben wollen, jedoch dadurch den Takt des Galoppsprunges und die Rückentätigkeit des Pferdes stören.

Ebenso fehlerhaft ist das starke einseitige Verkürzen eines Ausbindezügels, um das Pferd besser auf der Zirkellinie halten zu können.

In der Regel wird durch diese Techniken, besonders wenn der Longenführer durch andere Aufgaben wie der Beobachtung der Voltigierer abgelenkt ist, der aufgetretene Fehler verstärkt. Abhilfe sollte in solchen Fällen immer durch gesonderte Schulung des Pferdes außerhalb der Voltigierübungen von einem sachkundigen Fachmann erfolgen.

7. Die Doppellonge

Die Arbeit des Pferdes an der Doppellonge dient verschiedenen Zielen:

– Verfeinerte Fortsetzung der einfachen Longenarbeit
– Verstärkte Einwirkungsmöglichkeit durch eine "Außenlonge" bei schwierigen Pferden
– Vorbereitung des Pferdes "am langen Zügel" zur "Handarbeit" für die höhere Schulung
– Gewöhnung des Pferdes an das Geschirr für den Gebrauch zum Zugdienst am Wagen

Abgesehen von kleineren Abweichungen kann davon ausgegangen werden, daß die Ausrüstung des Pferdes und die Handhabung der Doppellonge nach folgenden Kriterien durchgeführt wird:

– Vor der Arbeit mit der Doppellonge sollte das Pferd an das Longieren mit der einfachen Longe gewöhnt sein, wie es in den vorangehenden Kapiteln beschrieben wurde.

– Zur Arbeit an der Doppellonge wird das Pferd - wie auch beim Longieren mit der einfachen Longe - an den Vorderbeinen und bei beschlagenen Hinterhufen auch an den Hinterbeinen mit Bandagen, Gamaschen oder Streichkappen versehen.

Im übrigen kann bis auf die entbehrlichen Ausbindezügel die gleiche Ausrüstung wie vorher beschrieben benutzt werden. Zur Führung der doppelten Longe ist die Anbringung genügend großer Ringe mit etwa 5 - 10 cm Durchmesser am Longiergurt erforderlich. Als zweckmäßig erweist sich für die Arbeit mit dem Reitpferd auch die Benutzung eines leichten Vordergeschirrs, wie es zur ersten Arbeit mit der Doppellonge beim Wagenpferd gebraucht wird. Hierbei liegt der Vorteil in der Longenführung, die durch Ringe am Halsteil in Richtung Widerrist und erst dann zum Longiergurt in tieferer Lage am Leib des Pferdes verläuft. Dadurch wirkt die Longe zunächst in die Richtung,

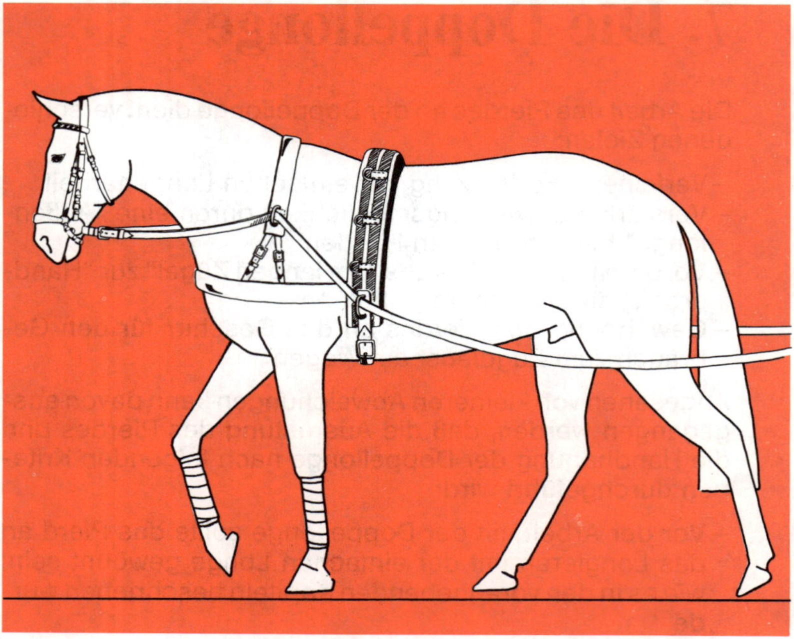

Anbringung der
Doppel-Longe
mit zweckmäßigem
Halsteil

die später die Hand des Reiters einnimmt, hat aber dann durch die tiefere Lage wieder den Vorteil, die Längsbiegung des Pferdes kontrollieren zu können.

Die Doppellonge sollte insgesamt etwa 16 - 17 m lang sein. Zweckmäßig ist es, wenn sie aus einem Stück besteht, da so nicht die Gefahr besteht, daß eine Schnalle den Ausbilder während der Arbeit in der Hand stört. Weiterhin erleichtert es die Arbeit, wenn der vordere Teil der Longe etwa 2 m aus rund genähtem Leder besteht, welches leichter durch die Führungsringe am Halsteil und am Longiergurt gleitet.

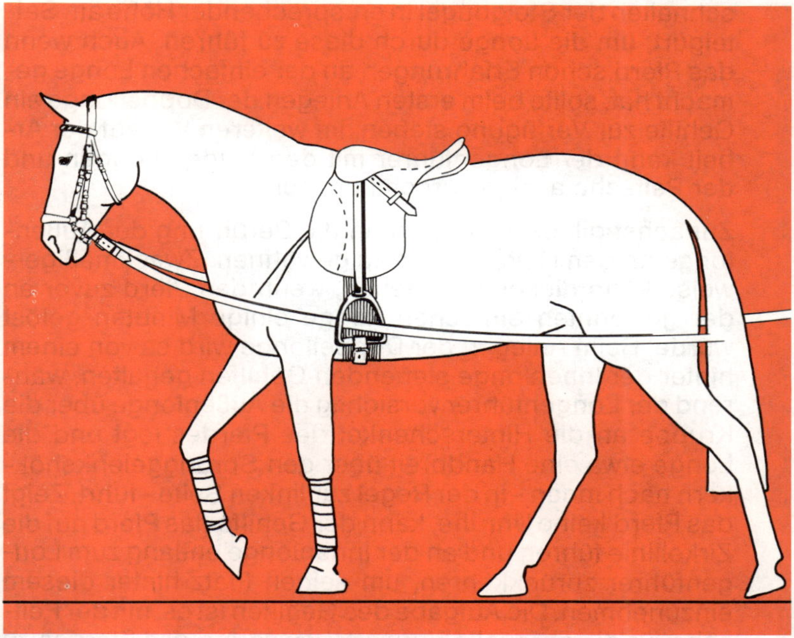

Behelfsmäßige Anbringung der Doppel-Longe durch den am Sattelgurt befestigten Steigbügel

Zwei miteinander verbundene einfache Longen können als Ersatz für die korrekte Doppellonge dienen. Allerdings muß dann immer die Störung durch die Verbindungsstelle in Kauf genommen werden.

Am Gebißstück der einfachen Trense werden die Longen mit Schnallen oder Karabinerhaken befestigt. Bei Benutzung eines Kappzaumes werden die Longen in die seitlichen Ringe auf dem Nasenteil befestigt.

Steht bei seltenem Gebrauch der Doppellonge kein Gurt- bzw. Vordergeschirr mit genügend großen Longenführungsringen zur Verfügung, empfiehlt sich das Festschnallen der Steigbügel in entsprechender Höhe am Sattelgurt, um die Longe durch diese zu führen. Auch wenn das Pferd schon Erfahrungen an der einfachen Longe gemacht hat, sollte beim ersten Anlegen der Doppellonge ein Gehilfe zur Verfügung stehen. Im weiteren Verlauf der Arbeit kann der Longenführer mit den beiden Longen und der Peitsche alleine zurechtkommen.

Zunächst gilt es, das Pferd an die Berührung der Außenlonge an den Hinterbeinen zu gewöhnen. Zweckmäßigerweise kann dieses geschehen, wenn das Pferd zuvor an der gewohnten einfachen Longe einige Minuten gelöst wurde. Beim Anlegen der Doppellonge wird es von einem hinter der Innenlonge stehenden Gehilfen gehalten, während der Longenführer vorsichtig die Außenlonge über die Kruppe an die Hinterschenkel des Pferdes legt und die Longe etwa eine Handbreit über den Sprunggelenkshökkern nach innen - in der Regel zur linken Seite - führt. Zeigt das Pferd keine Unruhe, kann der Gehilfe das Pferd auf die Zirkellinie führen und an der Innenlonge entlang zum Longenführer zurückkehren, um seinen Platz hinter diesem einzunehmen. Die Aufgabe des Gehilfen ist es, mit der Peitsche für die geregelte Vorwärtsbewegung des Pferdes zu sorgen. Der Longenführer hält die linke Longe (Innenlonge) wie gewohnt mit der linken Hand, während die Außenlonge zunächst mit der rechten Hand gehalten wird. Das herunterhängende Longenende wird über den kleinen Finger der rechten Hand gehängt.

Die Peitschenführung obliegt dem Gehilfen, bis sich das Pferd auch in der Bewegung an die Berührung durch die Außenlonge gewöhnt hat. Im späteren Verlauf der Arbeit sollte der Longenführer beide Longen und die Peitsche alleine handhaben, da nur so die Koordination der Hilfen gewährleistet ist.

Empfehlenswert ist es, die Longen beim Arbeiten links herum so mit der linken Hand zu halten, daß die linke Longe (Innenlonge) zwischen dem Daumen und dem Wurzelgelenk des Zeigefingers über dem Handrücken liegt und die rechte Longe (Außenlonge) zwischen Mittel- und Ringfinger gehalten wird. Die rechte Hand ist dann sowohl in der Lage, durch Hineingreifen in die Longen die Einwirkung zu regulieren als auch ohne Störung des Pferdemaules die Peitsche sachgerecht zu benutzen.

Beim Longieren rechtsherum werden beide Longen mit der rechten Hand geführt, wobei die rechte (Innenlonge) zwischen Mittel- und Ringfinger gehalten wird und die linke (Außenlonge) über den Zeigefinger und den Handrükken verläuft. Die linke Hand führt die Peitsche und greift bei Bedarf in die Longen.

Die äußere Longe sollte sich immer kurz über dem Sprunggelenkshöcker befinden. Liegt sie tiefer, wird das Pferd durch die Beinbewegungen im Maul gestört und zum Schlagen mit den Hinterbeinen gereizt.

Bei der Anfangsgewöhnung oder beim Lösen kann das Ausschlagen des Pferdes gelegentlich vorkommen. Der Longenführer sollte dann ggf. mit Unterstützung eines Gehilfen für energisches Vorwärtsgehen sorgen. Gelingt es dem Pferd, stehen zu bleiben oder sich umzudrehen, kann es zu sehr schwierigen Situationen kommen, die nur mit Ruhe und oft durch erneutes Anführen zu meistern sind. Sensible Pferde erregen sich dabei stark, und weniger geübte Longenführer sollten überprüfen, ob die Arbeit mit der Doppellonge zweckmäßig ist, und ob nicht doch besser wieder an der einfachen Longe die Grundlage hergestellt werden kann. An dieser Stelle ist es jedoch wegen der Vielzahl der Möglichkeiten und individuellen Unterschiede nicht angebracht, einen für alle Fälle gültigen Rat zu geben.

Mit der Doppellonge wird im Prinzip wie mit der einfachen Longe gearbeitet. Je nach Ausbildungsziel steht die lösende oder die versammelnde Arbeit im Vordergrund. Der Vorteil der Doppellonge ist darin zu sehen, daß die mehr oder weniger starre Verbindung der Ausbindezügel zum Pferdemaul durch die direkte beidseitige Verbindung zwischen der Hand des Longenführers und dem Pferd weicher gestaltet werden kann. Der Longenführer ist weiterhin in der Lage, Stellung und Biegung durch Annehmen und

Nachgeben im richtigen Moment zu beeinflussen.

Im Regelfall muß so gearbeitet werden, daß die Außenlonge immer die verwahrende Aufgabe übernimmt. Niemals darf diese Longe so stramm um das Hinterteil des Pferdes verlaufen, daß die Bewegung eingeengt und die Hinterhand nach innen gedrückt wird.

Ein weiterer Vorteil der Doppellongenarbeit besteht darin, daß der Handwechsel gleitend, ohne Anhalten des Pferdes und umständliches Neuordnen der Ausbinder erfolgen kann. Der Longenführer ist in der Lage, mit entsprechend eingearbeitetem Pferd den Handwechsel mit der Doppellonge in allen 3 Gangarten vorzunehmen und so z.B. auch den fliegenden Galoppwechsel ausführen zu lassen.

Abhängig vom Ausbildungsstand des Pferdes und der Größe des zur Verfügung stehenden Platzes bestehen zwei Möglichkeiten zum Handwechsel:

- Auf größerer Linie - "aus dem Zirkel wechseln"
- Auf engerer gebogener Linie - "durch den Zirkel wechseln"

Zum Handwechsel "aus dem Zirkel" verläßt der Longenführer seinen Standpunkt in der Zirkelmitte, sobald das Pferd die Wechsellinie erreicht hat, und geht hinter dem Pferd zum Mittelpunkt des neuen Zirkels. Sehr wichtig ist in diesem Moment das genügende Verlängern der neuen Außenlonge und entsprechendes Annehmen der Innenlonge. Beide Longen sollten dazu immer in einer Hand vereinigt bleiben, um mit der freien Hand hantieren zu können.

Die jeweils freie Hand verlängert oder verkürzt die Longe. Es ist zweckmäßig, die Spitze der Peitsche nach hinten zu nehmen, solange diese nicht benötigt wird. Sie sollte aber nicht weggelegt werden, sondern stets griffbereit sein. Beim Longieren rechtsherum wird sie mit der linken Hand, linksherum in der rechten Hand gehalten. Das Wechseln der Longen von der linken in die rechte Hand bedarf einiger Übung.

Von besonderer Wichtigkeit ist es, daß die jeweils neue Außenlonge ausreichend verlängert wird, um das Pferd nicht in der neuen Stellung zu behindern oder es in die falsche Richtung zu lenken.

Beim Handwechsel "durch den Zirkel" wird die Außenlonge verlängert und das Pferd dann durch Verkürzen der Innenlonge in den Zirkel hineingeführt. Der Longenführer

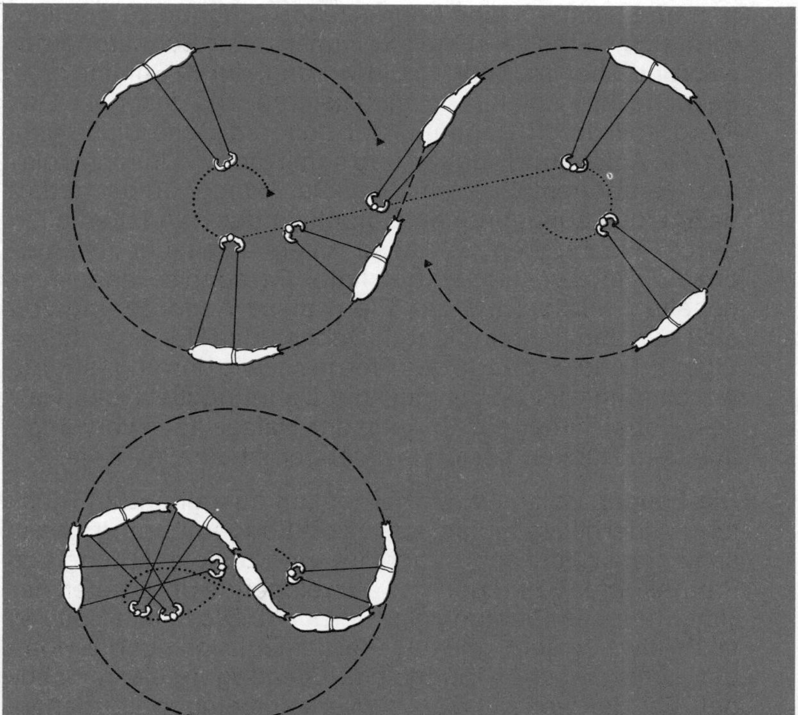

Handwechsel mit der Doppel-Longe "aus-dem-Zirkel" und "durch-den-Zirkel"

tritt, die neue Außenlonge etwa 3 m verlängernd und die neue Innenlonge entsprechend verkürzend, hinter das Pferd und lenkt es S-Bogen-förmig auf den Hufschlag des neuen Zirkels. Gleichzeitig werden die beiden Longen und die Peitsche entsprechend gewechselt.

Mit wachsender Erfahrung und gefestigterem Ausbildungsstand des Pferdes gewinnt die Einwirkung durch die Außenlonge mehr Bedeutung.

Kam es im Anfangsstadium darauf an, das Pferd an die Berührung durch die Longe an den Hinterbeinen zu gewöhnen und lediglich eine begrenzende Aufgabe zu erfüllen, wird sich, selbstverständlich immer unter Beachtung der erforderlichen treibenden Einwirkung, durch Stimme oder Peitsche die Anlehnung stabilisieren und festigen. Das Pferd soll durch Dehnung der äußeren Seite diese verstärkte Anlehnung suchen und somit die gewünschte relative Geraderichtung erreichen. Der Longenführer bedarf dazu eines ausgeprägten Gefühls in der Hand. Lediglich durch "Nachgeben" ist diese Anlehnung nicht zu erreichen. Es muß vielmehr durch halbe Paraden so lange ausgehalten werden, bis das Pferd diese Aufforderung von sich aus annimmt und durch Dehnen des Halses quittiert. Eigenart und Gebäude des Pferdes sowie das angestrebte Ausbildungsziel bestimmen die Dehnungstiefe des Halses, wobei immer das Dehnen des Halses nach vorwärts - aus dem Rücken heraus - wichtiger ist als die "Tiefe".

Die Longen sollten vom Pferdemaul ausgehend in Richtung Widerrist verlaufen, so daß die Longenführung insgesamt nicht zu tief angebracht ist. Eine zu tiefe Haltung des Pferdekopfes verhindert das ausreichende Untertreten der Hinterbeine in Richtung Schwerpunkt. Die tiefste Haltung sollte etwa so sein, daß das Pferdemaul sich auf der Höhe der Linie zwischen Buggelenk/Ellenbogengelenk befindet. Bei der weiterführenden versammelnden Longenarbeit steht das Pferdemaul etwa auf der Linie zwischen Hüfthöcker/Hüftgelenk.

Die Arbeitstechnik mit der Doppellonge entspricht der mit

der einfachen Longe. Gangart- und Gangmaßwechsel sowie häufige Hand-, Stellungs- und Biegungswechsel bilden das Arbeitspensum. Als Vorbereitung und Übergang zur versammelnden "Handarbeit" kann zur Beendigung der Doppellongenarbeit auf dem Zirkel auch auf die gerade Linie übergegangen werden. Der Longenführer, der in ausreichendem Sicherheitsabstand hinter dem Pferd hergehen sollte, rahmt dabei das Pferd mit den beiden Longen ein. Durch entsprechende Einwirkung, vorwiegend mit der Stimme oder mit einer Handarbeitsgerte, kann er die Tritte verkürzen und bei Bedarf auch wieder verlängern.

Weiterhin bietet sich durch seitliches Anlegen der Longe die stufenweise Ausführung von Schenkelweichen und im späteren Verlauf von Seitengängen an. Es ist zweckmäßig, hierbei zunächst die Begrenzung der Reitbahn oder des Reitplatzes zu nutzen. Wichtig ist, daß der Longenführer stets die Reaktionen des Pferdes beobachtet, selber genügend mitgeht und sich nicht an der Longe mitziehen läßt, aber mit feinem Gefühl in der Hand Gangmaß, Stellung und Biegung zuläßt.

Der Longenführer soll sich bei dieser Arbeit immer bewußt sein, daß es sich lediglich um Vorbereitung zur "Handarbeit" handelt und nicht um perfekte Vorführung des Pferdes "am langen Zügel", die wiederum zunächst der Vorbereitung durch die versammelnde Handarbeit bedarf.

8. Versammelnde Arbeit des Pferdes an der Hand

Zur Unterstützung der Ausbildungsarbeit des Reiters kann bei veranlagten Pferden die versammelnde Arbeit an der Hand zweckmäßig sein. Beherrschung der Longenarbeit und ausreichende Gymnastizierung an der Longe sollten Voraussetzung dazu sein.

Die versammelnde Arbeit an der Hand bezweckt, das Verständnis des Pferdes für das Zusammenwirken der vortreibenden und verhaltenden Hilfen zu wecken und es so zunächst ohne das Gewicht des Reiters zu lehren, vermehrt an das Gebiß heranzutreten, sich daran abzustoßen und sich in den Hanken beugend zu versammeln. Durch das mit der Peitsche bewirkte verstärkte Untertreten der Hinterbeine in Richtung Schwerpunkt und durch die gegenwirkenden annehmenden Zügelhilfen mit der Hand lernt das Pferd, sich in den Hanken zu beugen, im Genick zu biegen und aufzurichten. Die Haltung des Pferdes wird verbessert und so die Arbeit unter dem Reiter unterstützt.

Auch der Ausbilder (Reiter) lernt durch diese Arbeit, sein Gefühl in der Hand zu verfeinern und gewinnt Verständnis für die richtige Versammlung.

In der Regel wird die versammelnde Arbeit an der Hand bei Pferden angewandt, die einen Teil der Grundausbildung an der Longe und unter dem Reiter absolviert haben. Sie empfiehlt sich bei Pferden, die Schwierigkeiten beim Reiten zeigen und daher nachgearbeitet werden sollen und ist weiterhin bei Pferden angebracht, denen es aus Schwäche oder wegen ungünstigen Gebäudes schwerfällt, sich in erforderlichem Maße zu versammeln. Versammelnde Arbeit an der Hand ist hier erfolgversprechender als die verlängerte Arbeit unter dem Reiter, weil bei der Handarbeit Überanstrengung leichter vermieden werden kann.

Die Anwendung ist auch bei jüngeren Pferden, die sonst keine besonderen Schwierigkeiten zeigen, nützlich. Sie lernen dadurch schneller, sich in der für ihren Gebrauch notwendigen Form zwanglos zu bewegen. Ebenso hat die Handarbeit einen vorteilhaften Einfluß auf das Temperament, denn heftige und empfindliche Pferde beruhigen sich und werden handfromm, faule werden lebhafter.

Zur Durchführung der Handarbeit ist ebenso wie zum Longieren ein ruhiger, durch eine Bande oder Umzäunung umgrenzter Platz erforderlich.

Die zweckmäßige Ausrüstung des Pferdes für die versammelnde Arbeit an der Hand besteht aus:

- Trense mit Reithalfter - evtl. Kappzaum
- Sattel mit übergeschnalltem Laufgurt
- Ausbindezügel
- Schutzgamaschen bzw. Bandagen an Vorder- und Hinterbeinen
- Führzügel oder Longe

Zur Ausrüstung des Ausbilders gehört eine mindestens 150 cm lange Handarbeitsgerte, die in sich stabil und federnd sein sollte.

Zweckmäßig und der Sicherheit dienend sind festes Schuhwerk (ohne Sporen) und Handschuhe. Art und Anbringung der Ausrüstung sowie Anwendung unterschiedlicher Techniken bei der versammelnden Arbeit an der Hand werden von dem vorgesehenen Ausbildungsziel bestimmt.

Dabei ist folgendes stufenweises Vorgehen empfehlenswert:

- Erstes Ausbildungsziel dient dem Vertrautmachen mit der versammelnden Arbeit an der Hand, in der Regel noch in Verbindung mit der Longenarbeit,

- zweites Ausbildungsziel fordert beginnende Hankenbeugung, Abstoßen am Gebiß in versammelnden halben Tritten im "Vorwärts",

– drittes Ausbildungsziel verlangt deutlich werdende Versammlung in entsprechender Aufrichtung und Entwicklung taktmäßiger Piaffe-Tritte, fast auf der Stelle, zur Gymnastizierung der Hanken.

Ausrüstung und technische Voraussetzungen des ersten Ausbildungszieles sind mit der Longenarbeit eng verbunden.

Der Handwechsel an der Longe gibt dem Ausbilder Gelegenheit, das Pferd mit der Vorhand auf engem Kreise zu führen und mit Hilfe der Peitsche die Hinterhand in der Art einer Vorhandwendung herumtreten zu lassen. Das Pferd lernt hierbei schon die Berührung mit der Peitsche als Aufforderung zum Antreten und die Wirkung der verhaltenden Parade.

Zu Beginn der Ausbildung in der versammelnden Arbeit an der Hand wird das Pferd in kleinen Pausen während der Longenarbeit an die Bande gestellt. In der Regel wird das wegen der größeren Geschicklichkeit von Ausbilder und Pferd zunächst auf der linken Hand sein. Der Ausbilder hält das Pferd an der aufgewickelten Longe so kurz, daß seine linke Hand etwa eine Handbreit von der Longenbefestigung entfernt ist. Als zweckmäßig erweist sich für diese erste Arbeit die Ausrüstung mit dem Kappzaum, da hierbei die geringste Belästigung des Pferdes zu erwarten ist. Weiterhin hat der Ausbilder auch genügend Möglichkeiten, durch halbe Paraden auf das Nasenbein ein zu starkes Vorwärtsstürmen des Pferdes zu verhindern. Der Ausbilder steht dabei in Kopfhöhe vor der linken Schulter des Pferdes; mit Blickrichtung zur Hinterhand geht er rückwärts und nimmt dabei das Pferd in einem abgekürzten Schritt mit. Die in der rechten Hand geführte Peitsche sorgt durch Berührung des Hinterbeines zwischen Sprunggelenkshöcker und Sitzbeinspitze für die Vorwärtsbewegung.

Soll die versammelnde Arbeit an der Hand allmählich den größeren Teil der Arbeitszeit beanspruchen, ist der Austausch der Longierpeitsche gegen eine Handarbeitsgerte zweckmäßig. Das erste Arbeitsziel besteht darin, das Pferd allmählich zur Lastaufnahme durch die Beugung der Hanken in abgekürzten Tritten zu bewegen. Dieses soll durch abgestimmte treibende und verhaltende Hilfen, mit der Stimme (Zungenschnalzen), Gerte und halben Paraden erfolgen. Dem Versammeln in halben Tritten wird das Pferd zunächst durch zu schnelles Vorwärtsdrängen ausweichen wollen. Merkt der Ausbilder, daß seine halben Paraden am Kappzaum oder an der Trense wenig Erfolg haben, so ist es angebracht, das Pferd durch Verlängern der Longe und Wegtreten von der Bande wieder in einem kleinen Kreisbogen von etwa 8 m Durchmesser um sich herum traben und zur Ruhe kommen zu lassen. Ist Ruhe und Gelassenheit erreicht, wird das Pferd wieder an die Bande gestellt. Wichtig ist, daß diese ersten Übungen immer wieder aus dem Halten beginnen.

Ein häufiger Fehler, den wenig geübte Ausbilder bei dieser Arbeit begehen, ist das Hereinziehen des Pferdekopfes in die Bahn. Deshalb muß darauf geachtet werden, daß der Standort am Pferdekopf beibehalten und nicht zu weit nach hinten genommen wird. Weiterhin kann der deutlich anstehende äußere Ausbindezügel - in diesem Falle der rechte - die Geradeausbewegung fördern. Der Ausbilder muß sich freimachen von dem Gedanken an "Piaffe".

Die Arbeit sollte nur in kurzen Intervallen erfolgen und immer wieder von freien Trab- und Galoppreprisen auf dem Longierzirkel unterbrochen werden. Bei Erzielung einiger weniger kadenzierter Tritte mit Raumgewinn von etwa 60 bis 100 cm muß das Pferd belohnt und die Arbeit zunächst beendet werden. Die Gesamtdauer der Arbeit ist wie das Longieren mit etwa 30 bis max. 40 Min. zu veranschlagen, wobei die versammelnde Arbeit an der Hand zur freieren Arbeit auf dem Zirkel ca. im Verhältnis 1 : 2 steht.

Handwechsel sollte erst dann vorgenommen werden, wenn das Pferd auf der "leichten" Hand (in der Regel links) den Anforderungen gerecht wird. Auch im zweiten Ausbildungsabschnitt steht die Piaffe nicht als Ziel im Vordergrund, sondern klare Tritte mit gebeugten Hanken und leichtem Bodengewinn. Als gute Ausführung ist dabei kadenzierter Trabtritt mit etwa 30 - 60 cm Bodengewinn und ein ruhiges "Am-Zügel-Stehen" (Stirnlinie vor der Senkrechten/Genick höchster Punkt) anzusehen. Jeder kleinste Erfolg sollte sofort durch eine Pause, Lob und Führen im Schritt belohnt werden.

Zweckmäßig ist es, die Arbeit mit einem frischen, aber kurz gelösten Pferd zu beginnen. Das Lösen kann durch einige Minuten Frei-laufen-lassen oder Reiten erfolgen. Nach Beendigung der etwa 20minütigen versammelnden Arbeit an der Hand ist es angebracht, die erreichte Versammlung im Wechsel mit freieren Gangmaßen auf gerader Linie unter dem Reiter zu überprüfen und ausklingen zu lassen.

Für die bisherige Arbeit an der Hand ist die gleiche Ausrüstung des Pferdes wie beim Longieren zweckmäßig. Immer sollte der Sattel und ein darüber liegender Laufgurt benutzt werden, da nur so die Stabilität des Ausbindens und der beabsichtigte Zweck, das Pferd sich vom Zügel "abstoßen" zu lassen, sichergestellt ist. Einschnallen der Longe oder des Führzügels von etwa 150 cm Länge in den Kappzaum ist anzuraten. Bei entsprechend einfühlsamer Hand des Ausbilders kann dieses aber auch im Trensenring erfolgen.

In diesem zweiten Ausbildungsabschnitt muß es möglich sein, das Pferd auch auf der unbequemeren Seite arbeiten zu lassen. In der Regel wird das Verhältnis zwischen linker und rechter Hand etwa 2 : 1 sein.

Die dritte Phase der versammelnden Arbeit an der Hand setzt voll befriedigende Ergebnisse der beiden ersten Abschnitte voraus. Es ist unzweckmäßig und für das Pferd schädlich, höhere Versammlung zu fordern, ohne vorher die Hanken geschmeidig gemacht zu haben.

Die Ausrüstung des Pferdes bleibt wie vorher beschrieben, jedoch ist es angebracht, für die nun beginnende höhere Versammlung den einfachen, ledernen Ausbindezügel zu wählen. Dieser wird so hoch am Laufgurt angebracht, daß das Pferdemaul etwa in Höhe des Hüfthöckers steht. Eine tiefere Einstellung von Hals und Kopf würde das Pferd auf die Vorhand bringen und die Hinterbeine am genügenden Untertritt hindern. Wie bei der Longenarbeit sollte auf Ausbindezügel aus Gummi oder mit Gummiringen verzichtet werden. Diese von manchen Laien als besonders pferdefreundlich angesehenen Hilfsmittel schaden in der Ausbildung mehr als sie nützen.

Das zum Erreichen des Gehorsams und der richtigen Gymnastizierung erforderliche "Abstoßen am Gebiß" und Nachgeben im Genick wird mit diesen weichen Ausbindezügeln nicht erreicht.

Das Verhalten des Pferdes und seine Gelehrigkeit in den vorangegangenen Ausbildungsabschnitten werden die Technik der Arbeit im dritten Abschnitt bestimmen. Wurden gute oder ausreichende Ergebnisse erzielt, ist es angebracht, daß der Ausbilder wie bisher die Arbeit alleine fortführt, da nur so die Koordination der Hilfen gewährleistet ist. Ziel ist nunmehr, die versammelten halben Tritte zu einer sich allmählich steigernden Anzahl geregelter Piaffe-Tritte mit nur sehr geringem Bodengewinn nach vorne zu erreichen. Hierbei ist unbedingt mit leicht aufrichtenden halben Paraden darauf zu achten, daß das Pferd nicht auf dem Ausbindezügel vermehrte Anlehnung und Stütze sucht und nach vorne wegdrängt. Es muß sich vielmehr mit guter Maultätigkeit in deutlicher Aufrichtung und mit schwingendem Rücken selber tragen.

Im Verlauf der Arbeit wird das sensibilisierte Pferd sehr aufmerksam auf die Hilfen, und es ist Aufgabe des Ausbilders, durch richtige Anwendung der fein abgestimmten Hilfen am rechten Ort und zur richtigen Zeit der Intelligenz des Pferdes entgegenzukommen. Richtig angewandte Gertenhilfen - unterstützt durch die Stimme - haben durch Anlegen oder Touchieren unterschiedliche Wirkungsweisen.

So bewirkt in der Regel die Anwendung der Gerte im Fesselbereich bestimmteres Abfußen, höher angelegt, etwa im Bereich zwischen Sprunggelenk und Sitzbein, bewirkt sie mehr Vortritt.

Speziell bewirken Berührungen mit der Gerte:

- Auf dem vorderen Rand eines Oberarmes oder auf einem Vorderfußwurzelgelenk eine stärkere Aktion des Oberarms und der Schulter.
- An der vorderen Fläche des Fesselgelenks ein leichtes Erheben des Schenkels.
- An der Schulter oder dem Oberarm ein Einrichten der Vorhand auf die Hinterhand, wenn erstere ausfällt.
- Seitlich an einer Hinterbacke ein Übertreten mit Vorwärtsbewegung und etwas Aktion der Hinterbeine durch Beugung in beiden Hankengelenken.
- An dem hinteren Rand des Unterschenkels verstärktes Erheben und Vorsetzen des Schenkels durch Beugung im Kniegelenk.
- Am hinteren Rand des Hintermittelfußes eine verstärkte Aktion durch Beugung in den Sprunggelenken.
- An der hinteren Fläche eines Hinterfesselgelenkes oder am Ballen des Hufes ein Vorsetzen des Hufes.
- Auf der Kruppe bei einem Teil der Pferde ein Senken der Hinterhand mit einem gleichzeitigen Erheben der Vorhand - bei einigen Pferden kann diese Berührung auch ein Ausschlagen erzeugen.

Die versammelnde Arbeit an der Hand wird in diesem fortgeschrittenen Ausbildungsstadium zu gleichen Teilen auf beiden Händen durchgeführt. Hat das Pferd die Fertigkeit erlangt, fast auf der Stelle etwa 20 - 30 taktreine kadenzierte Piaffe-Tritte auszuführen, so ist es angebracht, einen leichten Reiter während dieser Arbeit in den Sattel zu setzen. Dieser wird angewiesen, völlig ruhig zu sitzen und zunächst keine Hilfen zu geben. Er dient lediglich als "Ballast", um das Pferd in der hohen Versammlung an das Tragen von Gewicht zu gewöhnen. Im späteren Verlauf der Arbeit kann der Reiter die Hilfengebung übernehmen und der Ausbilder mehr und mehr zurücktreten.

Bei Pferden, die sich trotz ausreichender Vorbereitung immer wieder der Versammlung durch starkes Vorwärtsdrängen entziehen wollen, ist es angebracht, mit einem Gehilfen zu arbeiten. Dieser steht vor dem auf dem Hufschlag an der Bande arbeitenden Pferd und führt es an der Longe oder dem Führzügel, während er nur gering nach Bedarf rückwärts geht. Der Führzügel sollte in diesem Fall grundsätzlich nur am Kappzaum befestigt werden. Er hat den Auftrag, die Vorwärtsbewegung des Pferdes soweit wie erforderlich einzuschränken, ohne den geregelten Bewegungsablauf zu verhindern. Der Ausbilder hat nun Gelegenheit, seitlich - halb hinter dem Pferde stehend - die treibende Einwirkung vorzunehmen. Wichtig ist die Koordination der beiden Personen, damit nicht richtige treibende Einwirkung durch falsch gegebene Paraden erstickt wird, andererseits aber das Pferd auch lernt, sich nicht nach vorne der Versammlung zu entziehen.

Die versammelnde Arbeit an der Hand in halben und in Piaffe-Tritten findet bei entsprechendem Fortschritt der Ausbildung ihren Fortgang in der Entwicklung der Passage.

Hierzu wird zunächst die Versammlung durch Anlegen der Gerte im oberen Beinbereich erhöht und das Pferd dann am Führzügel auf der geraden Linie des Hufschlages im Takt der Passagebewegung herausgelassen.

Durch geschicktes Touchieren mit der Gerte am Unterarm oder der hinteren Seite des Vorderfußwurzelgelenks kann die Aktion der Vorderbeine unterstützt werden.

Die Stärke der Hilfen richtet sich nach dem Temperament des Pferdes. Es muß immer versucht werden, mit möglichst feinen Hilfen auszukommen. Gleichmäßig angewandte Stimmen- oder Gertenhilfen stumpfen auf die Dauer ab.

Die versammelnde Arbeit an der Hand kann auch weiterhin während kleiner Pausen bei der Reitausbildung angewandt werden.

Die bisher verwandte Longierausrüstung erübrigt sich bei

diesen kurzen Wiederholungsübungen. Es genügt, wenn der Reiter die Steigbügel am Riemen hochzieht und so befestigt, daß sie nicht stören können. Der Reiter (Ausbilder) stellt sich wieder in Höhe des Pferdekopfes an die innwendige Seite des an der Bande plazierten Pferdes mit Blickrichtung zur Kruppe. Der äußere Trensenzügel wird über den Hals, etwa 2 Handbreit hinter den Ohren, angelegt und von der Backenseite aus durch den inneren Trensenring gezogen, so daß er leicht ansteht. Das Zügelende wird nach oben zurückgeschlagen, auf den anderen Teil des Zügels gelegt und mit der vollen Hand festgehalten. In die-

"Arbeit an der Hand" des ausgebildeten Pferdes in den "Reitpausen"

se Hand wird noch der innere Trensenzügel so hineingelegt, daß er nicht herunterhängt. Die andere Hand führt wie gewohnt die Gerte. Die Hand, die etwa in Ganaschenrandhöhe am Pferdekopf gehalten wird, muß feinfühlig das Bestreben haben, "vor dem Pferdemaul" zu bleiben. Durch Drehung des Handgelenkes kann der Reiter bei dieser Art der Führung nach Belieben außen oder innen am Pferdemaul Einwirkung erzielen.

Bei dieser kurzfristigen Arbeit während der Reitpausen erübrigen sich die Ausbindezügel und der Laufgurt bei Pferden, die die Handarbeit bereits gewohnt sind.

Richtig angewandte Longen und versammelnde Arbeit an der Hand können eine wesentliche Unterstützung bei der Ausbildung, Gymnastizierung und dem Training des Pferdes sein. Jeder Ausbilder sollte sich jedoch darüber im klaren sein, daß die Einwirkung durch den Reiter im Sattel durch nichts ersetzt werden kann.

Register

Zahlen in Kursivdruck verweisen auf eine Abbildung